Lisa Wolf

TRAUMSCHATTEN

AF223034

Lisa Wolf

TRAUMSCHATTEN

Prosa und Kurzgeschichten

FSC
www.fsc.org

MIX

Papier aus ver-
antwortungsvollen
Quellen
Paper from
responsible sources

FSC® C105338

Herstellung und Verlag: B o D - Books on Demand, Norderstedt
Satz: D. Schoenewolf
Umschlaggestaltung: Hase
Printed in Germany, November 1999
2. Auflage, Januar 2015
ISBN 978-3-8981-1283-3

DANKE

Ein großes Dankeschön geht an meine Freunde, die mich bei der Ausarbeitung dieses Werkes bewußt oder unbewußt angeregt und unterstützt haben.
Ebenso danke ich Dirk, Silvana, Christine, Heike, Hase und Marc.

Wenn die Sonne untergeht,
so erscheint jenseits des Horizonts
das Land des Traums,
das Land des Feuers zu beginnen!
JULES RENARD

Für eine Waage

INHALT

Die Kostbarkeit eines Moments

Frühling - Sommer - Sonne.
Vitamin D - Hormone - Gefühl.
Freude - Lebenslust - Liebe.

Erinnerung kommt hoch.
Leben erwacht aus einem tiefen Schlaf.
Träume lassen den Tag angenehm erscheinen.
Sanft, weich, tröpfelnd, fließend.
Nichts dringt so tief in meine Seele vor, als dass es diesen Traum zerstören könnte.
Doch der Aufprall in der Wirklichkeit ist härter als ein zerplatzter Luftballon.
Blicke ohne Lächeln - ich sehne den Tag herbei, an dem sich das ändert!
Zeit vergeht.
Zeit erwacht.
Bis ich brenne, und die knisternde Luft mir den Atem raubt.
Aber die Antwort, die ich erwarte, bleibt aus.
Klirrende Wirklichkeit holt mich zurück in die Existenz.
Die Leichtigkeit der Träume ist verschwunden.
Ich verwandele mich von heute auf morgen wieder in das Gestern.
Bis die Sonne aufgeht.
Bis das Eis schmilzt.
Und ich erinnere mich an seine Einzigartigkeit.

Sanfte Wildheit.
Markantes Gesicht.

Augen, die tausend Ausdrücke widerspiegeln.
Ein scheues Reh.
Depressive Zurückhaltung.
Unbeobachtet reserviert und in Gedanken versunken.
Bewegungen - so leicht, so sanft, so bewußt, so gesteuert, so überlegt, so zart, so erotisch ...
Der Blick - so scheu, so suchend, so traurig, so hilflos, so zurückhaltend, so verführerisch, so erotisch ...
Der Blick - und doch so kühl, so unnahbar, so undurchsichtig, so geheimnisvoll - erotisch ...
Ein Lächeln - ein scheues - gemischt mit der Feinfühligkeit seines Blickes.
Seine Ausstrahlung ist die Vollendung der Erotik.

Ein Schauer überkommt mich, wenn sich unsere Blicke treffen.
Ich fühle mich bis auf mein Innerstes bloßgestellt.
Seine Gestik verwirrt mich.
Ich kann ihn nicht durchschauen.
Ein Blick und noch ein Blick - trifft mich wie ein Stromschlag.
Wie zärtlich muss er doch sein, wenn er geben will; wenn er liebt; wenn er in Leidenschaft versinkt ...

Auf der Suche

Die gesunde Welt der Liebe.
Die kranke Welt der Liebe?
Die unendliche Welt der Liebe?
Was ist das?
Gibt es sie?
Wo fängt sie an - wo hört sie auf?
Wieso sehe ich sie nicht?
Ich muss sie suchen, aber wo finde ich sie?
Qualen und Schmerzen, Unterdrückung und
Hilflosigkeit, Not und Angst - kann man das
tauschen?
Gegen Freude und Zufriedenheit, Wohlstand und
Behaglichkeit?
Gegen Liebe?

Auf dem Weg nach Nirgendwo war ich ihr begegnet!
Sie kam mir entgegen. Sie wollte in die andere Rich-
tung und fragte mich nach dem Weg. Ich konnte
keine Auskunft geben, da ich nicht wußte, wovon sie
sprach.
Dann war ich plötzlich wieder allein. Sie verschwand
im Nebel der Lichter, mitsamt dem behaglichen
Gefühl, das sie ausstrahlte, als sie neben mir gestanden
hatte. Und vor mir lag eine endlose Galerie von
Wüstenbildern.
Ich ging weiter und kam zu dem Tunnel der
Helligkeit.
Kein Leben weit und breit.
Dort!
Eine Abzweigung!

Sternenförmig verlief sie über dem Tunnel.

Zeit zur Entscheidung.

Ich entschied mich für den Weg nach links. Als ich abgebogen war, verschwanden die anderen Abzweigungen. Ein Zurück war nicht mehr möglich. Vor mir lag nur noch eine kurvige Strecke der Ungewißheit.

Mutig ging ich los, merkte aber bald, dass der Weg umso enger wurde, je mehr Kurven sich darin schlängelten. Dieser Weg schien sich mit jedem meiner Schritte zu verändern. Irgendwann verwandelte er sich in ein Rohr, auf dem ich mich vorsichtig entlang bewegte, damit ich nicht abrutschte.

Ein Ritter kam auf seinem Pferd vorbei. Er ritt auf mich zu, verringerte sein Tempo aber nicht. Ich trat einen Schritt zur Seite und verlor den Halt. Aber der Ritter ritt durch mich hindurch, ohne dass mir etwas zustieß.

Als ich mich wieder aufgerichtet hatte, war das Rohr verschwunden, und ich befand mich in einer anderen Gegend.

Eine Mauer aus Gummi versperrte mir den Weg. Als ich sie berührte, gab sie nach und verschlang mich. Auf der anderen Seite dieser Mauer führte der Weg weiter. Ich lief los. Ein Wegweiser zeigte in bunten Buchstaben an, dass dies der einsame und gerade Weg zum Wahnsinn war. Je weiter ich ging, desto wärmer und enger wurde er. Es fing an zu regnen. Der Regen war kochend heiß. Er schmerzte auf meiner Haut, hinterließ aber keine Brandblasen, sondern fiel als schwarze Asche von mir ab. Das Ende des Weges zum Wahnsinn war nicht mehr weit.

Moos wucherte über mir. Undurchdringlich wie ein Dschungel und in allen Farben der Vorstellung umrankte es mich schillernd. Ich stolperte. Ein Schwert lag auf dem Boden. Ich hob es auf, denn ich wußte, dass es mir helfen sollte, diesen Dschungel zu durchqueren.

Es war ein endloser Kampf ohne Tag und Nacht. Doch ich hatte Glück und erreichte das Ende der Finsternis noch im Hellen.

Vor mir befand sich nun eine purpurfarbene Wendeltreppe mit überdimensionalen Stufen. Da ich keinen anderen Weg entdeckte, versuchte ich, die Treppe hochzuklettern. Nach einigen Stufen machte ich eine Pause und setzte mich. Doch in jenem Moment fing die Wendeltreppe plötzlich an zu schwanken. Ein Sturm fegte über mir hinweg. Ich hielt mich krampfhaft am Treppengeländer fest und kroch mit letzter Kraft die restlichen Stufen empor. Der Sturm hörte auf. Der dunkelblaue Himmel zerriß und brachte rosarote Wolken zum Vorschein.

Ich stand vor einem Torbogen. Er war verschlossen.

Ich klopfte.

Ein Löwe brüllte.

Schritte!

Eine Seele öffnete mir, und ich fragte nach der Welt der unendlichen Liebe.

"Ja, da kommst du zu spät!" antwortete mir die Seele.

"Wieso? Ich glaube kaum, dass sich noch irgend jemand anders auf den Weg gemacht hat, sie zu suchen."

"Das mag sein. Doch jetzt bist du hier. Tritt bitte ein. Du bist herzlich willkommen."

Ich folgte der Seele in einen großen Raum, wo sich noch andere Wesen befanden und Karten spielten.

Eine Petroleumlampe spendete Licht. In der Mitte des Raumes stand ein großer Tisch.

"Das ist alles, was uns geblieben ist", sagte die Seele. "Vor einigen Jahren haben uns die Engel der Vernichtung alles genommen, was wir besaßen. Es war ein harter Kampf. Wir haben ihn verloren. Aber die Liebe hat unsere Existenz gerettet."

"Wer sind die Engel der Vernichtung?" fragte ich.

"Das sind Wesen, die sich von der Vernichtung ernähren." Die Seele machte eine Pause. Sie sprach langsam und bedächtig.

"Sie müssen vernichten, um ihren Hunger zu stillen. Sie haben die Macht ..." Die Seele verstummte.

"Und was soll ich jetzt tun?" fragte ich. "Soviel ich weiß, komme ich ohne die Welt der unendlichen Liebe nicht mehr fort von hier!"

Die Seele sah mich zweifelnd an.

"Aber diese hast du doch schon gefunden! Du kannst sie nicht wegtragen oder mitnehmen. Du musst mit ihr leben. Oder aber du kehrst zurück in die Welt der Vernichtung. Denk in Ruhe darüber nach!"

Ich sah die Seele irritiert an.

Sie führte mich in eine Ecke des Raumes, wo ich Zeit zum Nachdenken hatte. Dort ließ sie mich allein, damit ich meine Entscheidung treffen konnte.

Kalt wie Eis

Eingefroren, abgestorben, tot - und doch lebendig. Ein Eisloch im Meer der Gefühle.
Seine Küsse sind heiß und bringen sie zum Schmelzen. Seine Berührungen treffen ihre Haut wie ein Blitzschlag. Sein Körper erzittert in seinem aufsteigenden Verlangen, bleibt aber dennoch kontrolliert.
Er läßt sich in ihre Liebe fallen und kommt trotzdem nicht aus sich heraus. Er verwöhnt sie mit wilder Zärtlichkeit. Sanfte Berührungen sind von kostbarer Seltenheit, doch sie kommen an und verzaubern diese kalte Liebe mit Sinnlichkeit.
Sie hält den Atem an - er atmet aus. Seine Hände wandern über ihren Körper. Ihre Küsse verwandeln sich in glühendes Eisen. Doch sie bringen das Eis in ihm nicht zum Schmelzen. Er nimmt seine Außenwelt auf, aber sie erreicht seine Seele nicht. Er liebt in Leidenschaft und gibt, um zu erfüllen - bedingungslos. Ohne Verpflichtungen. Zum Spaß und im Spiel.

Man sollte nicht versuchen, ihn verstehen zu wollen. Ihn, der er ist - mit all seinen Gefühlen und Gedanken, die ihn insgeheim mehr berühren, als er zulassen will. Sein Ich verschwindet im Nebel, der undurchsichtig die Luft erfüllt. Nichts ist zu sehen - nur zu fühlen, und sie löst sich gnadenlos in diesem Nichts auf.
Auf dem Weg zu seinem Herzen befindet sich eine dicke Eisschicht, auf der sie entlang gleitet, bis sie den

Halt verliert und in seine Tiefen stürzt. Unnahbar und kühl wird sie von der Ungewißheit empfangen, deren eisiger Atemhauch sie erfrieren lassen will. Doch die Wärme, die sie ausstrahlt, verwandelt das Eis langsam in Wassertropfen. Das aus tiefen Wunden entstandene Eis schmilzt. Ein Teil seiner Persönlichkeit kommt zum Vorschein.

Sie schaut ihn an und hört ihm zu. Kalt und gefühllos sprudeln Worte aus ihm heraus, über die er nachgedacht hat. Er ist nicht der, der er sein soll. Seine Persönlichkeit ist von Arroganz und Egoismus überschüttet, hervorgerufen durch die Kälte seiner Gefühlswelt.
Er ist auch nicht der, der er einmal war. Erfahrungen haben ihn verändert. Er hat vergessen, wie man sein Herz öffnet. Er hat vergessen, wie man lieben kann. Aber er hat gelernt, zu verletzen. Doch er hat vergessen, dass er sich ebenso selbst verletzen kann. Und dann verletzt er auch sie.

Tage vergehen. Wochen ziehen ins Land.
Die Sonne scheint, doch ihre wärmenden Strahlen erreichen sie nicht.
Erinnerungen quellen aus einer verriegelten Schublade hervor. Auch diese erreichen sie nicht.
Die Sehnsucht schwirrt im Raum umher und klopft immer wieder hartnäckig an die Tür ihrer Seele. Sie läßt sie nicht herein.
Bilder von ihm wandern durch ihren Kopf. Sie schaltet sie aus.

Die Berührungen seiner Hände auf ihrer Haut sind schon lange vergessen. Sie weiß nicht mehr, wie er sich für sie anfühlt.

Selbst ihre verborgenen Gefühle schaffen es nicht, eine Träne für ihn zu stehlen.

Was ist geschehen?

Wo ist die entflammende Leidenschaft in der sehnsüchtigen Erinnerung ihrer Liebe hin?

Was hat er aus ihr gemacht?

Sein Nichts hat sie erreicht.

Aus Angst vor der Wirklichkeit hat sie ihre Gefühle verbannt. Sie wußte nicht, dass das so leicht ist. Sie war sich nicht sicher, wie es sich anfühlen würde, ohne ihn zu leben. Er war ihr Lächeln, ihre Kraft, ihre Hoffnung. Er war ihre Erfüllung!

Und nun ist er nicht mehr.

Verloren und vergessen!

Ihr Herz ist tot.

Sie hat auf den Tag gewartet, an dem ihre verletzten Gefühle aus der einsamen Ecke ihres Herzens hervortreten. Doch dieser Tag ist nicht gekommen. Sie hat ihre Wunden so stark abgebunden, dass die verdrängten Gefühle abgestürzt sind. Jetzt sind sie weg. Alle. Restlos. Ihr Inneres ist erfroren.

Sie kann nicht mehr lieben.

Sie kann nicht mehr hassen.

Nicht mehr leiden.

Und sie kann sich nicht mehr öffnen. Niemand wird sie mehr erreichen. Einsamkeit wird ihr Herz zerfressen. Ihre Seele wird selbstsüchtig die Gefühle anderer stehlen, um sie oberflächlich zu erleben; um sich zu erinnern, was Liebe bedeutet.

Sie hat sein Stadium egoistischer Einsamkeit erreicht. Sie wollte es nicht! Doch er hat sie dorthin geführt. Jetzt weiß sie, wer er ist, und sie beneidet ihn nicht darum!

Seine Hände greifen nach ihr, um sie festzuhalten, denn selten erreicht jemand die Tiefe seiner Persönlichkeit. Die Angst vor einer Verletzung läßt den Schmerz seiner Vergangenheit auf sie übergehen. Er gibt ihr alles. Dadurch verliert das Spiel der Bedingungslosigkeit seinen Reiz. Sie übernimmt die Verantwortung für das, was sie ihm antun kann.

Wintertraum

Die Dächer waren weiß. Der erste Schnee war gefallen. Über Nacht hatte sich eine dünne Schneedecke über die Stadt gelegt, die nun wie ein mit Puderzucker bestäubter Kuchen aussah.

Larissa legte sich wieder zu Bett und kuschelte sich unter die warme Decke. Die Gardinen waren aufgezogen, und Larissa beobachtete mit einer wohligen Zufriedenheit den sanften Fall der kleinen Flocken. Sie sahen so weich und zart aus, dass man schnell vergessen konnte, wie kalt es draußen doch war!

Noch war die Schneedecke vor dem Haus unberührt. Jungfräulich leuchtete sie in heller Pracht und vertrieb die Morgendämmerung. Man wagte es nicht, den ersten Schritt zu setzen und das weiße, weiche Zauberwerk mit einem Fußabdruck zu zerstören. Die Flocken wurden dicker und tanzten in wildem Durcheinander durch die Luft, bevor sie den Boden erreichten.

Larissa stand auf und holte sich eine Tasse Kaffee ans Bett. Gemütlich kuschelte sie sich wieder unter ihre Decke und schaute dem Treiben vor dem Fenster zu. Entspannung breitete sich in ihr aus. Die Stimmung veränderte sich, da Larissa den Winter so, wie er jetzt erschien, nicht nur mit Matschwetter und Kälte in Verbindung brachte. Gerade in diesem Moment verband sie ihn mit gemütlichen Abenden bei Kerzenschein, Tee und einem guten Buch.

Die Sonne fing an zu scheinen und ließ die Schneeflocken silbern leuchten und schon in der Luft langsam zerschmelzen.

Die Sonne ...
Eine Erinnerung durchfuhr Larissa und versetzte sie zehn Monate zurück.

Es waren die letzten Winterwochen gewesen, und die Sonne schien beinahe täglich. Die Tage waren aber noch frostig kalt.
In jenen Wochen erlebte Larissa nur die Sonne - die klirrende Kälte zog an ihr vorüber, denn ihr Herz war erwärmt von einer unbeschreiblichen Liebe. Michael!
Die Erinnerung an ihn schmerzte noch immer, aber es war erträglich geworden. Die Liebe zu ihm blieb erhalten und versteckte sich in ihrer Seele.
Es war eine wundervolle Zeit mit ihm gewesen! Sie hatte ihr Leben verändert und ihr einen Frühling im Winter geschenkt, den Larissa für immer in sich tragen würde.

Ein Jahr war vergangen.
Larissa hatte ihn wiedergesehen. Sie sah ihn oft. Es tat noch weh. Dieser Schmerz vermischte sich mit dem Gefühl der Liebe, die nie erfüllt werden würde; der Liebe, die nie aufgehört hatte, zu existieren.
So fühlte sie.
Und so fühlte er.
Während des ganzen Jahres hatten sie die Liebe zueinander in ihren Herzen mit sich getragen. Sie begleitete sie überall hin, war nie von ihnen gewichen. Manchmal war sie verborgen - überdeckt vom Alltag, der sie beide ablenkte. Aber sie war doch immer vorhanden.
Jedes Wiedersehen mit Michael löste ein unermeßliches Glücksgefühl in Larissa aus - und

hinterließ später ein quälendes Gefühl unerfüllter Liebe. Sie würde immer unerfüllt bleiben, weil die Umstände es nicht ermöglichten, dass sie zusammen sein konnten. Sie lebten beide in einer festen Beziehung. Trotzdem spürte Larissa, dass Michael das gleiche Gefühl quälte wie sie selbst, wenn sie sich wieder einmal begegnet waren. Auch nach einem Jahr noch. Sie redeten miteinander - versuchten, Freunde zu sein. Aber es gelang ihnen nicht. Larissas Herz schrie nach seiner Liebe und danach, ihm ihre Liebe geben zu dürfen. Doch es war nicht möglich. Die Vernunft - vor allem seine - schwebte über ihren Gefühlen und bedeckte sie mit einer dichten Nebelwolke, die kein Durchdringen erlaubte.

Ab und zu sprachen sie über ihre Gefühle, was für kurze Zeit eine Erleichterung zu sein schien, was sich aber nach und nach wieder in erstickende Sehnsucht verwandelte.

Einmal hatten sie ihr nachgegeben. Sie waren sofort im Zauber ihrer Leidenschaft gefangen. Sie lebten sie einige Wochen lang aus. Sie waren glücklich in jenen Wochen. Keiner von beiden dachte an die Zukunft, bis sie sie im Eiltempo eingeholt hatte, an ihnen vorbeirauschte und ihnen die Augen öffnete. So konnte es nicht weitergehen. Sie ließen es bleiben. Keiner von ihnen stellte dem anderen die Bedingung, sein Leben zu verändern. Dabei hätten sie beide nur ihr altes Leben zurücklassen und gemeinsam ein neues an-fangen müssen. Dieser Situation schienen sie aber nicht gewachsen zu sein - oder dachten sie zu wenig darüber nach? Sie wurden beide in ihren derzeitigen Beziehungen nicht vom Glück überschüttet. Trotzdem war es leichter, den Alltag beizubehalten. Die Sicherheit eines festen Punktes, zu dem sie zurückkehrten, schien wesentlicher zu sein, als die Fassade abzureißen und anderswo eine neue Sicherheit aufzubauen.

Hätten sie gewußt, wie viel Schmerz mit der Gewohnheit verbunden ist, hätten sie diesen Schritt vielleicht doch gewagt.

Es war ihnen damals schwer gefallen, sich voneinander zu trennen und auf ihre Zärtlichkeiten verzichten zu müssen.

In den ersten Wochen gingen sie sich aus dem Weg, suchten aber doch immer wieder die Plätze auf, wo sie hofften, sich zu begegnen.

Manchmal waren ihre Partner dabei. Dann ignorierten sie einander und warfen sich nur hin und wieder heimliche Blicke zu. Begegneten sie sich allein, unterhielten sie sich. Aber oft nur über belangloses.

Larissa erkannte in Michaels Augen, dass seine Empfindungen noch vorhanden waren. Manchmal tranken sie ein Glas Wein zusammen. Wenn sie sich voneinander verabschiedeten, fiel es ihnen jedesmal schwer, den anderen nicht zu umarmen.

Eines Abends sah Larissa Michael allein in einem Pub vor einem Glas Wein sitzen. Er schien gedankenversunken. Sie setzte sich zu ihm.

"Wie geht's dir?" fragte sie ihn.

"Es geht so", antwortete er.

"Du siehst bedrückt aus", stellte sie fest.

"Manchmal denke ich zu viel nach und frage mich dann, was für einen Sinn mein Leben überhaupt noch hat", erklärte er und fuhr dann fort, seine Gedanken mit ihr zu teilen.

Larissa hörte ihm erst schweigend zu, versuchte dann aber, ihn aufzubauen. Es schien ihr zu gelingen.

Als sie gemeinsam den Pub verließen, hatte Michael schon wieder ein leichtes Lächeln auf den Lippen.

"Danke, dass du mir zugehört hast", sagte er, als sie vor die Tür getreten waren.

"Ich habe dir gern zugehört", sagte Larissa und blickte ihn an. Jetzt war *sie* traurig, weil sie sich nur ungern von ihm trennen wollte.

Draußen hatte sich eine dicke Schneedecke über die Straßen gelegt. Larissa zog den Reißverschluß ihrer Jacke hoch und stellte den Kragen auf.

"Jetzt haben wir aber eine unangenehme Heimfahrt vor uns. Ich bin schon lange nicht mehr im Schnee gefahren", erzählte Larissa.

"Ich fahre doch die Hälfte der Strecke in deine Richtung. Du kannst gern hinter mir herfahren", schlug Michael vor.

"Danke."

Sie liefen schweigend zu ihren Autos.

"Also tschüß", rief Larissa noch, als Michael schon seine Autotür geöffnet hatte.

"Tschüß. Aber warte auf mich. Ich werde langsam vor dir herfahren", sagte er noch.

"Okay", rief sie, stieg ins Auto und startete den Motor.

Einige Kilometer weit fuhr Larissa hinter Michael her. Er leitete sie so durch die schneebedeckten Straßen der Nacht, und sie fühlte sich sicher und geborgen. Als sie sich der Kreuzung näherten, wo sich ihre Wege tren-

nen würden, verabschiedete sich Larissa mit Licht-
zeichen von Michael.

Aber Michael setzte den Blinker und bog vor Larissa
in die Straße ein, die sie nach Hause brachte.

Erstaunt und gleichzeitig erfreut über sein Vorhaben
fuhr Larissa hinter ihm her. Nun würde er sie bis
nach Hause begleiten, dessen war sie sich sicher. Ihr
Herz machte einen Sprung und wurde sodann von
einer großen Welle der Liebe überflutet. Michael
schien genau zu wissen, wie unangenehm Larissa eine
winterliche Autofahrt fand.

Einige hundert Meter vor ihrer Wohnung fuhr
Michael auf einen Parkplatz. Dieser Parkplatz hatte
für sie beide eine besondere Erinnerung. Sie hatten
sich damals immer dort getroffen.

Larissa folgte ihm, stellte den Motor aus und konnte
nicht schnell genug ihr Auto verlassen. Michael stieg
ebenfalls aus. Larissa lief ihm entgegen und fiel ihm
in die Arme. Liebevoll und zärtlich umarmte er sie.

"Danke", flüsterte sie.

Seine Arme umschlossen Larissa fester, und um nichts
auf der Welt hätte sie sich von ihm trennen wollen.
Schließlich ließ er seine Arme sinken und sah sie
schmerzerfüllt an.

"Ich fahre jetzt", sagte er.

"Fahr vorsichtig", flüsterte sie.

Er nickte. "Schlaf gut."

"Du auch." Larissa stieg in ihr Auto und sah Michael
nach, bis er hinter der nächsten Kurve verschwunden
war. Dann startete sie ebenfalls den Motor und verließ
traurig den Parkplatz.

Ein Messer hatte ihr Herz gestreift und hinterließ eine kleine, frische Wunde. Es tat verdammt weh. Larissa wußte, dass Michael sie ebenso sehr liebte wie sie ihn. Still hielten sie die Liebe zueinander aufrecht.

Ihre Liebe war ein Geschenk des Himmels, das zum falschen Zeitpunkt über sie gekommen war. Sie hätten mit aller Macht dafür kämpfen sollen. Doch sie waren nicht stark genug, sich auf das Risiko des Lebens bis zum Überbleibsel einzulassen. Die Türen zu ihren Herzen waren verschlossen. Sie hatten die passenden Schlüssel. Doch er behielt seinen Schlüssel für sich und Larissa den ihren für sich.

Hass sitzt tiefer als Schmerz

Amor breitete seine Flügel über ihr aus und fing sie ein. Ein Blick traf den ihren und grub sich tief darin fest. Amor setzte an zum Flug in eine grenzenlose Welt. Sie schloß die Augen und schwebte mit ihm dahin. Verschleierte Wirklichkeit im Nebel der Gefühle verwirrte ihre Gedanken. Hoch über den Wolken wurde der Blick wieder klar, und deutlich zeigte sich der Blitz am Himmel, der treffsicher und pfeilschnell auf ihr Herz zuraste. Er bohrte sich schmerzlos in dessen Mitte und verwandelte ihr Innerstes in eine nie gekannte Leidenschaft. Sie löste sich in kleine Tröpfchen auf und verschmolz mit der Atmosphäre zu einer neuen Einheit, in der die Vergangenheit keine Rolle mehr spielte. Vielleicht hätte sie an diesem Tag eine kugelsichere Weste tragen sollen ...?
Zu spät!

Er war schon da - war in ihr Leben getreten und hatte angefangen, es zu verändern. Er setzte einen Schritt vor den anderen und zog sie in seinen Bann. Er wagte sich zu ihrem Herzen vor und krempelte es um. Machtlos ergab sie sich seiner Anziehungskraft und versank im Strudel ihrer eigenen Gefühle.
Sie liefen Hand in Hand durch einen Märchenwald. Das Tor zu dieser Welt trug ihre Namen. Niemand sonst hatte Zutritt zu dieser Welt. Eine Welt voller Liebe, eine Welt des Vertrauens, eine Welt der Leidenschaft und der Gefühle. Abgehoben aus dem Universum traten sie ein in eine neue Sphäre, deren

Existenz keiner von ihnen je zuvor auch nur erahnt hätte.

Die Bäume waren mit Puderzucker bestäubt und hinterließen einen süßen Duft, der die Luft zum Atmen in reinste Liebe umwandelte. Die orangerote Sonne prickelte auf ihrer Haut. Sie ließen sich von der Zeit treiben wohin sie wollte. Sie verließ ihr ursprüngliches Leben und benahm sich wie eine andere Person. Doch sie stellte bald fest, dass sie mehr sie selbst war als jemals zuvor. Alle Nebensächlichkeiten ihres Lebens verschwanden aus dieser neuen Welt, die vom Mysterium der Liebe beherrscht wurde. Jeder Gedanke an ihn weckte eine Sehnsucht, die er mit Hingabe erfüllte. Auch er gab sich auf und schickte sein vorheriges Ich in die Vergangenheit, um zusammen mit ihr die Gefühle zu erleben, die manch einer ein Leben lang sucht und niemals findet.

Er bewunderte sie, achtete und liebte sie. Die Zärtlichkeit, mit der er sie überschüttete, verzauberte sie derart, dass sie mit geschlossenen Augen durch dieses Erlebnis wandelte, ohne jemals zu stolpern. Denn er war an ihrer Seite und gab ihr Kraft und Sicherheit.

Der Regenbogen, der farbenfroh über ihnen leuchtete, nahm ihr die Sicht in die Ferne. Sie erlebte nur die Gegenwart und nichts hinderte sie daran, die Zukunft ins Unterbewußtsein zu verschieben. Doch er dachte an die Zukunft. Und diese erschien ihm nicht so, wie er sie sich vorgestellt hatte ...

Plötzlich riß er sie aus ihrem gemeinsamen Traum und schrie ihr seine Entscheidung stumm ins Bewußtsein. Ohne ihre Antwort abzuwarten, öffnete er die Tür zum Nichts und drängte sie an den Abgrund. Seine Worte schlugen ihr wie kaltes Eis ins Gesicht, das sich klirrend über ihren Körper legte, bis sie darin erfroren war. Er hatte sie enttäuscht und verletzt, gedemütigt und aus seinem Leben verbannt.

Als sie wieder aufgetaut war, durchzog sie ein tiefer Schmerz, der ihr die Augen verband und den Verstand raubte.
Er hatte sich genommen, was er brauchte und gegeben, was er wollte.
War das nicht genug?
Aber er musste sie quälen, indem er immer wieder aufs Neue die Hoffnung in ihr fütterte - mit seinen Worten, mit seinen Taten, mit seinen Blicken.
Ihre Gefühle verwandelten sie in diesen Momenten in ein einziges Spielzeug für ihn - in eine Marionette, die er bewegen konnte, wie es ihm beliebte. Sie konnte ihren Verlust nicht realisieren und kämpfte um eine längst verlorene Bindung.
Er zerschnitt ihr Herz und riß ihre Seele heraus. Dann trampelte er darauf herum und ließ sie im Schmerz allein zurück.
Sie hing an einem dünnen Faden. Ihre Wunden waren frisch. Er streute Zucker hinein, um sie kurz darauf mit Salz zu vergiften. Sie starb in ihrer neuen Welt, die ohne ihn nicht existieren konnte. Ihre alte Welt war ein Überbleibsel ihrer Erinnerung, zu der sie keinen Zutritt mehr fand. Sie schwebte über einem Loch und hatte nur zwei Möglichkeiten - abzustürzen oder ans Ufer zu schwimmen. Ihre Gefühle verboten ihr die klare Sicht nach vorn, und sie stürzte ab. Sie fiel lange Zeit ins Nichts. Kurz vor dem Aufprall

öffnete sie die Augen und trat vor ihn. All die Kraft, die er zu Beginn in ihr aufgebaut hatte, kam zum Vorschein und richtete sich nun gegen ihn. Sie hatte ihn kennengelernt, als sie hinter seine Fassade geklettert war und seine Seele erforscht hatte - still und heimlich. Er war von Anfang an ein aufgeschlagenes Buch - allerdings waren die Worte in einer anderen Sprache geschrieben. Aber während ihres Falls in die Tiefe lernte sie schnell, diese Worte zu verstehen. Sie traf den Kern seines Inneren, spaltete ihn auf und brachte sein wahres Ich zum Vorschein.

Nun steht er vor ihr, nackt und entblößt. Sie berührt ihn nicht. Doch sie wird Worte finden, die seine ungeschützte Fläche wie einen Kugelhagel treffen werden. Er hat keine Zeit mehr, sich hinter eine schützende Mauer zu retten. Jetzt ist sie da und öffnet *seine* Augen!

Er ist ein Egoist, der seine Freunde verläßt, wenn er sie nicht braucht.

Er ist ein Spieler, der echtes Vertrauen einsetzt, um in der Ungewißheit eine neue Karte des Glücks zu ziehen.

Er ist ein Verlierer, der sein Leben systematisch selbst zerstört.

Er rennt ständig mit dem Kopf vor die Wand, bis sie zerbricht. Dann schaut er sich die Einzelteile an und hofft darauf, dass die anderen sie wieder aufbauen werden.

Irgendwann wird er einsam in einer Ecke sitzen, und es wird niemanden mehr geben, der ihm dort heraus hilft.

Es war seine Entscheidung!

Seine Entscheidung?

Hass ist nur ein Wort mit drei Buchstaben - Liebe dagegen mit fünf.
Es auszuradieren dauert länger ...

Meeresrauschen

Das Meer tobt. Innerlich.
Denn eigentlich ist die Oberfläche noch ruhig. Der
Horizont ist blutrot gefärbt. Die Sonne versinkt
langsam im Meer und läßt es in ihren Farben
schimmern. Die Flut scheint zu kommen.
Oberflächlich erscheinen die Wellen ruhig und
bewegen sich in weichen Wogen voran. Durch die
Bewegungen werden sie zu größeren Wellen geformt
und verlaufen dann am Ufer. Das Farbenspiel am
Horizont ertrinkt dunkelblau und versinkt am
sandigen Strand im Nichts.
Größere Wellen kommen mit Wucht ans Ufer gerollt,
bäumen sich auf und zerschellen am Rande der Welt.
Manchmal erscheint es so, als ob das Meer mich, die
ich ganz nah am Uferrand stehe, ergreifen möchte,
wenn eine ihrer großen Wellen überlaufend auf mich
zugerollt kommt. Doch kurz vor meinen Füßen ergibt
sie sich. Dann erscheinen wieder kleine Wellen, die
sanft am Ufer versinken. Ein Teil von ihnen fließt
zurück ins Meer, um sich mit einer neuen Welle zu
vereinen.
Dieses Spiel läuft beständig in einem Hin und Her
ohne Ruhepause durch das Leben. Es symbolisiert die
Kraft des Lebens und die Macht der Vergänglichkeit -
stetige Bewegung, ständiges Treiben, immer Weiter-
gehen ohne zurückzuschauen, ohne Stopp.
Weiter draußen bewegt sich das Meer mit kleinen
Wellen brodelnd voran; mit Wellen, die eine Leiden-
schaft darstellen. Das Meer ist ein Körper, der in
sanften Bewegungen diese Leidenschaft zum Ausdruck

bringt; deren Höhepunkt genauso kurz auflebt wie jede einzelne seiner Wellen. Die Ausläufer der Wellen erinnern an Wogen einer Liebe, die nur sekundenlang erblüht; die, so schnell wie sie entsteht, auch wieder versinkt. Und jede ist einzigartig in ihrer Intensität, in ihrem Gefühl und in ihrem Erleben.

Kleine Wellen plätschern leise an den Strand, große Wellen explodieren in Leidenschaft. Weich und sanft sieht das Meer aus, und es lädt dazu ein, sich hineinzulegen und sich mit ihm in seiner Welt treiben zu lassen, ohne an die Kälte zu denken, die im Herzen des Ozeans herrscht.

Das Meer läßt sich durch nichts in seinem Verlauf stören. Selbst ein Stein, der in das Dunkle der Tiefen geworfen wird, zieht nur eine Zeitlang harmonisch seine Kreise, bis der Rhythmus der Wellen wieder hergestellt ist. Majestätisch regiert dieses Wasser die Landschaft und stellt eine Natur dar, in der der Mensch nur eine untergeordnete Rolle spielt und den Mächten der Ozeane im Grunde ergeben ist.

Rauschendes Fließen erfüllt die Stille der Abenddämmerung. Entspannung durchströmt meinen Körper, hervorgerufen durch den regelmäßigen Rhythmus des brausenden Meeres.

Der Alltag fällt von mir ab und verschwindet spurlos im Sand. Ich stehe am Ende der Welt, dem unendlichen Horizont gegenüber, und betrete in jener Minute ein neues Ich, das ungeformt und rein im Glanz des Meeres erscheint.

Ich werde zart an meinen Schultern gepackt und schaue in zwei tiefblaue Augen, in denen sich das Meer widerspiegelt. Weiche, warme Lippen berühren meinen Mund und fangen mich ein. Ich schließe meine Augen und höre das Rauschen der Flut, die immer näher kommt. Weich umspült das Wasser meine nackten Beine - genauso sanft, wie die Hände, die nun meinen Körper umfassen und ihn liebkosen.

Der Strand ist menschenleer. Die Sonne ist untergegangen. Der halbe Mond zieht silberne Kreise auf dem Meer, dessen Wellen sich mit dem blassen Licht im Spiel vereinen. Die Nacht hat begonnen und zieht mich in ihren Bann. Ein weicher Mund und sanfte, aber kraftvolle Hände erforschen meinen Körper. Die steigende Flut zieht uns tiefer ins Meer und entfacht die bei Ebbe schlummernde Leidenschaft in sich und in uns.

Die Gischt einer hohen Welle benetzt unsere Körper. Wassertröpfchen rinnen über unsere Gesichter und vermischen sich mit unseren Küssen, die heiß den Geschmack des Salzes wahrnehmen und dazu anregen, den Duft des Meeres aufzusaugen.

Wellen kreisen um unsere Hüften und Minuten später um unsere Oberkörper. Wassertropfen legen sich geschmeidig auf unsere nackte Haut. Sie schimmern wie Perlen im Licht des Verlangens. Das Meer ist noch warm - aufgeheizt von der Sonne, die am Tag ihre Strahlen darin hat versinken lassen. Unsere Körper verlieren an Schwerkraft. Die Flut hat ihren Höhepunkt erreicht. Wir schwimmen an den Strand und bleiben im seichten Wasser liegen.

Ich sehe die Sterne über mir leuchten und doch kein Licht spenden. Gemischt mit den Geräuschen der sich aufbäumenden und brechenden Wellen ergibt sich ein konträres Bild, das der Vorstellungskraft freien Lauf läßt. Ich spüre die Nähe eines Körpers, der neben mir liegt und wieder anfängt, mich zu berühren. Die Wellen des Ozeans tanzen um uns herum und entführen uns in eine Leidenschaft, in die wir uns hineinstürzen. Salzige Küsse steigern die Lust. Warmer Atemhauch löst ein Kribbeln im Körper aus. Hände bewegen sich sanft auf der Haut. Sie streicheln, massieren und fordern im Verlangen der Sehnsucht. Wir lassen uns fallen. Eine prickelnde Welle des Begehrens überkommt uns. Wir geben ihr endgültig nach.

Unsere Haut schimmert im Glanz des Meeres, das uns in seiner eigenen Ekstase ertrinken läßt.

Kettende Fesseln

Svenja saß allein in einem Raum. Nackte Wände verstärkten die isolierte Kälte, die diesen Raum erfüllte. Eine Kerze spendete ihr Licht und rief aus ferner Erinnerung eine verschwommene Illusion von Wärme und Geborgenheit hervor. Von irgendwoher ertönte Musik. Immer wieder wurde das gleiche Lied abgespielt. Vor wenigen Tagen hatte dieses Lied noch eine andere Bedeutung für Svenja gehabt. Fröhliche Stimmung und Lebensfreude hatten sich bei diesen Klängen in ihr ausgebreitet. Nun unterstützte es die plötzliche Einsamkeit, die in Svenja hochstieg. Die Zukunft war nur eine Entschuldigung weit entfernt. Doch Svenjas Stimme hatte versagt, um zum richtigen Zeitpunkt die richtigen Worte auszusprechen.

Eine Leere füllte ihre Seele mit Nichts. Alle positiven Gedanken eilten davon und ließen Svenja weit hinter sich. Ihr einfaches Leben hatte sich verkompliziert. Svenja wehrte sich mit aller Kraft gegen das Nichts, das sie langsam nach unten zog. Doch es hatte sie gepackt und umhüllt.

Eine schwere Eisenkette umschloß Svenjas Fesseln und hinderte sie daran, weiterzugehen. Vor ein paar Monaten war diese Kette noch an einer Wand befestigt. Svenja war in einem Leben gefangen gewesen, für das sie sich einmal entschieden hatte. Sie selbst hatte damals diese Kette angelegt und fest an ihrem Knöchel verankert. Der Sicherheit wegen - um der Ungewißheit zu entkommen, die ihr Leben beherrscht hatte. Dabei hatte Svenja nicht gemerkt, wie sie sich in ihre eigenen Vorstellungen verrannte. Sie trieb auf einer Eisscholle durch Tag und Nacht.

Wochen, Monate und Jahre vergingen, und Svenja wartete darauf, dass die Eisscholle sie irgendwann an Land treiben würde. Doch es war kein Land in Sicht.

Jeder Schritt nach vorn fiel schwer und kostete Kraft. Die Eisenkette war im Laufe der Zeit zu einem langen Gebinde aus vielen einzelnen Kettengliedern angewachsen. Das vergrößerte Svenjas Bewegungsfreiheit.

Svenja ging in vorgetäuschter Freiheit durch ihr Leben und vergaß dabei, dass sich nur der Bewegungsradius vergrößert hatte. Die Bindung selbst blieb erhalten.

Die Kette wuchs beständig an und ließ Svenja in ihren Traum hineinlaufen. Sie dachte, sie wäre glücklich. Aber bei allem, was ihr Glück zu vollenden schien, stieß sie an die Grenzen, die die Vollendung am Wachsen hinderte. Die Ziele, auf die Svenja zuging, waren greifbar nah. Sie brauchte nur noch die Hände danach auszustrecken. Doch die Vollendung ihres Glücks zerfloß vor ihren Augen, bevor sie sie erreichte. Und jedesmal wurde sie zutiefst enttäuscht.

Irgendwann gestand sich Svenja ein, dass es an der Kette liegen musste, die ihren Knöchel und damit ihr Leben fesselte.

Ihre Vorstellungen von Glück und Zufriedenheit verschwanden mit jedem weiteren Kettenglied, das hinzugefügt wurde. Bis Svenja es nicht mehr aushielt.

Völlig unvorbereitet wagte Svenja den Schritt in das Dunkel der Ungewißheit. Svenja riß die Eisenkette ab, um den neuen Weg allein zu gehen. Sie spielte mit der Sicherheit und bog dabei in die falsche Richtung ab. Der Weg führte in Zufriedenheit, so, wie Svenja sie sich erträumte. Doch dieser Weg endete ebenfalls in Schmerz und Enttäuschung, weil Svenja die Kette nur von der Wand gelöst hatte. Sie hatte vergessen, sie auch von ihren Fesseln zu lösen.

Das schwere Metall lastete auf ihr. Svenja zog es hinter sich her. Klirrende Geräusche erinnerten sie bei jedem Schritt an ihren Begleiter. Doch Svenja kümmerte sich nicht darum. Sie hatte sich von der Wand gelöst, also war sie frei. Die klirrende Kette an ihrer Fessel erinnerte sie an ihre Vergangenheit. Und Vergangenheit war etwas, das schon passiert war - das konnte man nicht ungeschehen machen und vergessen!

Svenja ging weiter geradeaus und merkte nicht, dass sie in eine Sackgasse geraten war. Sie lief weiter und stieß dabei immer wieder vor eine Wand, die ihr den Weg versperrte. Irgend etwas machte sie falsch! Sie versuchte, aus der beengenden Situation zu entfliehen, doch sie fand den Rückwärtsgang nicht.

Svenjas Fäuste schlugen gegen die Wand. Die Kette am Fuß bohrte sich tiefer in ihre Haut hinein, bis winzige Bluttröpfchen den Weg markierten. Svenja schaute sich um. Sie befand sich wieder in einem geschlossenen Raum ohne Fenster und Türen. Vereinzelte Risse ließen dünne Sonnenstrahlen durch die Wand scheinen. Sie warfen gleichzeitig Schatten und Licht an die Wände. Angst stieg in Svenja hoch und schnürte ihr die Kehle zu, als sie keinen Ausweg fand. Sie war unfähig, einen klaren Gedanken zu fassen, bis sie ihr Leben in Bildern an den Wänden des Raumes entlanglaufen sah. Die Bilder waren eine Aneinanderreihung von Versuchen, ihr Leben auf eine glückliche Bahn zu lenken. Dabei stand Svenja auf einem Förderband, das sie vorantrieb, ohne dass sie etwas wesentliches verändert hatte. Svenja lief auf der Stelle - immer noch gefangen an der Kette, von der sie dachte, sich befreit zu haben. Je mehr Svenja versuchte, auf die Zukunft zuzugehen, ohne die Vergangenheit hinter sich zu lassen, desto mehr Glieder bildeten sich an der Kette.

Svenja wurde zu Boden gerissen. Nun saß sie in diesem Raum, allein und einsam - ohne Werkzeug, das ihr helfen könnte, die Kette an der richtigen Stelle zu lösen. Ein Hilfeschrei ihrer Seele drang in ihr Bewußtsein vor. Doch nur Svenja nahm diesen Schrei wahr.

Entschlossen, etwas zu verändern, stand sie auf und rüttelte an der Kette, doch sie löste sich nicht. Vergeblich suchte Svenja in einem leeren Raum nach brauchbarem Werkzeug. Doch sie fand nichts außer einer leeren Vergangenheit, die noch immer ihre Bilder an die Wand warf.

Svenja sah all die Fehler, die sie begangen hatte.

Svenja sah ihre negative Seite und ihre Abgründe.

Svenja sah sich selbst!

Sie sah aber auch ihre positive Seite, ihr Bewußtsein, ihre Träume, ihr Verlangen, ihre Wünsche und ihr Selbstbewußtsein, das von einem ängstlichen Schatten überdeckt wurde. Sie sank auf den Boden und starrte die Bilder an. Eine Zeitlang malte sie sich ihre Zukunft aus und schöpfte daraus Kraft, um wieder aufstehen zu können.

Die metallene Kette schnitt sich in ihr Fleisch. Svenja spürte das kalte Eisen an ihrem Gelenk. Es erinnerte sie an die Veränderung, die sie vornehmen sollte.

Erneut schrie ihr Bewußtsein nach Hilfe und suchte nach dem Licht in Svenjas Dunkel. Doch außer einem Echo bekam sie keine Antwort. Das Nichts zog weiter seine Kreise und versuchte, Svenjas Leben zu vernichten. Svenja riß gewaltvoll an der Kette. Einige Glieder lösten sich. Ein befreiendes Gefühl überschüttete Svenjas Herz. Durch Hoffnung angetrieben riß sie erneut an der Kette. Ein weiteres Glied löste sich. Die Last nahm ab. Svenja machte eine kurze Pause, stand auf und ging einen Schritt vorwärts. Die Kette an ihrer Fessel klirrte und fiel schwer zu Boden. Svenja bemerkte, dass die Kette während ihrer kurzen Verschnaufpause wieder gewachsen war. Erschöpft ließ sie sich auf den Boden zurückgleiten und starrte auf das silbern leuchtende Metall. Wenn sie mit dem einen Fuß einen Schritt nach vorn machte, ging ihr anderer Fuß zwei Schritte zurück.
Wie sollte sie so jemals die Zukunft einholen?
Mit aller Kraft zerrte Svenja wütend an der Kette und hielt kurz darauf mehrere Glieder in der Hand, die sie sofort weit von sich warf. Metall sprang durch den Raum und löste sich auf. Erfreut über diesen Fortschritt entledigte Svenja sich von weiteren Kettengliedern.
An der Wand erschienen Bilder von Svenjas Emotionen, die im Schnelldurchlauf ihr bisheriges Leben noch einmal durchlebten. Doch Svenja konnte nicht so schnell fühlen, wie sie vorbeihuschten.
Licht schimmerte durch die Wand. Die Freiheit befand sich dahinter. Svenja konzentrierte sich auf dieses Lichterspiel und versuchte darin eine Bedeutung zu entdecken. Plötzlich wusste sie, dass sie so nicht weiterkommen würde.

Die Wand schien sich immer mehr aufzulösen, je mehr Svenja sich von ihren alten Gedanken und Gewohnheiten befreite. Noch einmal zerrte sie an der Kette und verlor auch das letzte Kettenglied. Nun zierte nur noch das breite Metallband ihre Fessel.

Die Wand zerbrach langsam in Einzelteile. Durch einen Schacht, in der vorher so undurchdringlichen Wand, atmete Svenja frische Luft. Noch einmal wagte sie einen Hilferuf und hoffte auf Antwort.

"Wo bist du, der mir hilft, die letzte Stufe der Leiter zu überwinden?"

Ganz oben

Einsamkeit treibt auf der Oberfläche und überdeckt die Wahrnehmung von gesellschaftlichen Nebensächlichkeiten.
Ich habe mein Bewußtsein in die Tiefe gleiten lassen, um dort unten nach Wahrheiten zu suchen, die mir Antworten auf unausgesprochene Fragen geben sollen. Doch alles, was ich finde, sind verdrängte Ängste und verschobene Realitäten.

Ich sitze hier oben; auf der Spitze einer Pyramide; auf dem höchsten Aussichtspunkt meiner Gedanken.
Die Luft ist klar und frisch und reinigt mich von überstandenen Momenten.
Ich schaue nach unten. Dort herrscht das Chaos der Verzweifelten, die nicht bemerken, dass sie an ihrer eigenen Ignoranz zerbrechen werden. Niemals werden sie auch nur eine einzige Stufe der Leiter nach oben erklimmen. Sie sind so stark in die gesellschaftlichen Normen eingespannt, dass sie noch nicht einmal von der Existenz anderer Gedanken wissen. Alles, was sie tun, hat einen Zweck, der von einem Ahnen vorgeschrieben wurde; ein Leben, das einfach nur nachgelebt wird. Sie bewegen sich im Kreis; werden geführt wie auf Schienen; haben wenig Chancen auszubrechen. Sie haben den Stolz ihrer eigenen Persönlichkeit verloren. In ihrer Welt gibt es keine wirklichen Probleme, da diese noch vor ihrer Entstehung vom alltäglichen Leben ausgelöscht werden.

Gefühle gibt es in ihrer Welt nur selten. Sie bilden Paare und Gruppen ohne sich einem echten Gefühl hinzugeben. Niemals erreichen sie den Punkt des absoluten Glücks. Niemals verfallen sie in tiefe Trauer. Ebenmäßig schweben ihre sogenannten Gefühle über dem festgestampften Asphalt ihrer Lebenslinie. Selten fragen sie sich nach dem Sinn ihres Daseins.

Veränderungen werden nur von der Gesellschaft geformt.

Ihr Leben ist schon verloren; erstickt in einem Moor; verknotet im System; abgekapselt von den Idealen, die ein Leben ausmacht. Doch sie sind die Mehrheit.

Die Mehrheit, die sich unbewußt fügt.

Die Mehrheit, die die Pyramide trägt.

Die Mehrheit, die die Basis bildet.

Eine Basis wovon?

Hier oben auf der Spitze der Pyramide ist zu wenig Platz für die Mehrheit.

Ich bedauere sie. Doch sie bedauern mich nicht.

Und warum überkommt mich plötzlich die Einsamkeit, obgleich ich in der Menge der emotional gesteuerten Minderheit verweile?

Auch Einsamkeit ist der Mehrheit versagt. Sie sind zu viele, als dass sie sie verspüren könnten.

Doch nur in der Einsamkeit erfährt man den Wert der Zweisamkeit - der Liebe.

Sehnsucht erklimmt die Mauern der Isolation. Glibberig klebende, gelbe Farbe setzt sich in den Ritzen fest. Blaue Kühle unerwiderter Liebe vermischt sich mit der Farbe der Sonne zu einem leuchtenden Grün. Die Hoffnung erwacht. Offene Möglichkeiten werfen verschlossene Gefühle über Bord. Sie sinken gleichzeitig mit den Gefühlen des anderen in die Tiefen einer unerreichbaren Welt.

Mit dem Aufprall auf dem Meer der Mehrheit entsteht ein extremer Schmerz. Er verkörpert den Grundstein des Hasses.

Jedesmal, wenn ich anfange zu hassen, denke ich zuerst an dich. Aber ich lasse den Hass an mir vorbeigleiten, da ich deine Art, mir Liebe zu schenken, zu sehr schätze, als dass ich dich hassen könnte.

Doch du bist einer aus der Mehrheit - einer aus der anderen Welt.

Unsere Körper haben das gleiche Verlangen, doch unsere Seelen sind unvereinbar.

Dunkelrotes Blut tropft auf den Boden. Ich erkenne darin meine Tränen, die ich aus deinem Körper sauge. Ich bin das Opfer deiner Waffen.

Schwarze Wolken bilden sich über der Mehrheit und regnen auf sie nieder. Die Asche, die sie nun bedeckt, versperrt mir die Sicht in deine Welt. Nur du leuchtest in bunten Farben inmitten des schwarzen Nichts.

Die Einsamkeit schreibt einen Namen an die Wand meiner Gefühle und brennt ihn darin fest. Ich werde dich immer finden!

Traumschatten

Die Erinnerung an ihn wiegt sie sanft in den Schlaf.
Der Klang seiner Stimme schwebt leise im Raum.
Seine Magie übernimmt die Kontrolle.
Er entzieht sie der Wirklichkeit.
Sie versinkt in ein tiefes Loch, ohne zu fallen.
Seine Arme fangen sie auf und tragen sie in seine Welt.
Doch diese erscheint verschleiert, undurchsichtig und hohl.

Sie befindet sich in einem Traum.
Das Licht verfärbt sich rosarot.
Schwarze Punkte beeinträchtigen das Gesamtbild.
Es fängt an zu flimmern.
Sie verliert ihn im aufsteigenden Nebel.
Weit entfernt nimmt sie ihn wahr.
Er ruft ihr etwas zu und lächelt.
Doch sie versteht seine Worte nicht.
Sie läuft los, um ihn zu erreichen.
Doch er entfernt sich immer mehr.
Sie streckt ihre Arme aus, um ihn festzuhalten.
Doch er ist schon fort.
Ein Schatten legt sich über die Wolken.
Alle Farbe entweicht.
Es wird dunkel.
Nun steht sie allein in dem Traum, in den er sie entführt hat.
Der Ausgang ist verschlossen.
Sie wacht auf.
Doch ihr Traum lebt weiter.

Er liebt es, von ihr geliebt zu werden.
Deshalb hat er sie verzaubert.
Doch er liebt ihre Liebe nicht.
Er respektiert sie nicht einmal.
Sein Schatten wird größer.
Es bleibt dunkel.
Doch ihr Traum lebt weiter.

Sonnenflut

Versunken in weicher Zärtlichkeit
öffne ich meinen Mund und
spüre deine Zunge.
Ein Kribbeln prickelt ...
über meinen Körper,
machtlos treibend
mit dem Strudel der Gefühle
in die Leidenschaft hinein.

Schneller Atem - glatte Haut.
Die Außenwelt verliert an Wirklichkeit.
Berauschender Zauber - betäubendes Verlangen.
Eine weiche Wolke schwebt
durch einen fernen Horizont.

Intensive Berührungen
im Wechselspiel
mit
ernster Leidenschaft ...
unkontrollierter Hingabe,
spielerischer Erforschung,
fordernder Lust.

Der Zucker des Verlangens
vermischt sich
mit dem Salz unserer Haut.
Milde Paprika
verwandelt sich
in feurigen Chili,
verbrennt uns ...

in roter Glut.

Die Sonne explodiert,
fällt in einem Sternenhagel
auf uns nieder –
zischend,
auf unserer Haut –
verglühend.

Die Einmaligkeit dieser Nacht
hinterläßt
einen bittersüßen Nachgeschmack von
Angustora und reifen Erdbeeren.

Vierundzwanzig Stunden

Tick, tick, tick ...
Die Zeiger rücken vorwärts.
Sekunden fließen und treiben Minuten voran.
Doch die Zeit ist endlos und zerfällt im Nichts.
Jede Sekunde ist Vergangenheit und Zukunft zugleich.
Und trotzdem hat sie keinen Wert.
Nicht für sie, die darauf wartet, dass vierundzwanzig
Stunden vergehen.
Vierundzwanzig Stunden - vor ein paar Tagen nannte
man die Zeit noch eine Woche.
Diese Zeit wurde ausgefüllt mit Taten der
Gewohnheit. Und sie zerfloß in dieser Gewohnheit.
Tick, tick, tick ...
Die Sehnsucht wächst.
Dunkle Wolken unerfüllten Verlangens durchziehen
einen sonnigen Tag. Unausgesprochene Worte treiben
ihr Spiel mit ungeklärten Tatsachen. Ungewißheit
formt sich einen Weg nach oben und nistet sich in
die Gedanken ein.
Fragen fragen Fragen, die sie nicht beantworten kann.
Negative Möglichkeiten beeinflussen positive Hoff-
nung und geben mehrere Antworten auf eine Frage.
Ihre Gefühle spielen verrückt. Sie verliert die
Kontrolle. Ihr Herz weint stille Tränen, und ein
Schmerz erklimmt ihr Bewußtsein. Ein Schmerz, der
von der Angst eines möglichen Verlustes
hervorgerufen wird.
Der Blick zur Uhr verrät ihr, dass die vergangene
Stunde nichts weiter zu tun hatte, als das Warten zu
verkürzen. Doch warten auf die Zukunft, die nach

kurzem Genuß schon wieder zur Vergangenheit wird, heißt warten auf ein bedeutungsvolles Nichts! Dieses Nichts bestimmt ihr Leben. Sie möchte es in greifbares Existieren umwandeln, aber sie weiß nicht, wie sie es anfassen soll.

Zeitreisende Gedanken - vom Sonnenlicht bestrahlt - verändern ihre Wirklichkeit. Sie läßt sich in ihre Träume fallen und verstärkt dadurch das innere Chaos. Die Sehnsucht nach Liebe nimmt überhand. Doch sie sitzt im Brunnen eines Zeitlochs fest. Sie hat keine Möglichkeit, nach vorn zu flüchten. Abhängig von der Zeit, die so langsam vergeht, wartet sie immer noch auf die Stunde Null.

Tick, tick, tick ...

Sein Blick wandert über ihr Gesicht und bleibt auf ihren Augen haften. Seine Hand berührt ihren Arm und fängt an, zart über ihn zu streichen. Ein leichter Schauer verwandelt sich in kribbelnde Gänsehaut. Sie erwidert seinen Blick und sehnt sich nach seiner abso- luten Nähe. Sanft drückt er sie auf den Boden und beugt sich über sie. Langsam nähert er sich ihrem Gesicht. Seine Hand zieht ihren Kopf an den seinen. Sie erkennt die Sehnsucht in seinen Augen. Seine Lippen sind leicht geöffnet und berühren vorsichtig ihren Mund. Ihre Erwartungen verwirklichen sich. Sie schließen die Augen und lassen sich fallen.

Leidenschaftliche Küsse fordern Zärtlichkeit in einer Liebe ohne Zukunft. Heißer Atem erfüllt die Luft, und das Begehren erwacht. Zungen spielen ein aufregendes Spiel. Ein Prickeln durchflutet sie. Hände wandern über Körper und berühren glatte, warme Haut. Lippen erforschen erwartungsvoll das andere

Ich. Ihre Zungen elektrisieren jeden Nerv. Die Sehnsucht verwandelt zarte Berührungen in harte Forderungen. Der Verstand ist ausgeschaltet. Kontrolle ist nur noch ein Wort. Der Atem geht schnell. Sie saugt den Duft seiner Haut ein und preßt seinen Körper an den ihren. Sie verschmelzen miteinander und bewegen sich im Rhythmus des anderen. Die Zeit bleibt stehen und nichts ist in diesem Moment wichtiger als sie selbst. Ihr Ich ist bloßgestellt. Doch jeder erlebt das Geben des anderen nur für sich und nimmt es in sich auf, um die Einsamkeit zu vertreiben.

Langsam und sanft, schnell und fordernd, passen sie sich ihrer Neigung an. Pure Hingabe wird durch tiefes Vertrauen in dieser verletzbaren Situation möglich. Wilde Leidenschaft wird ausgelebt, bis das Verlangen gestillt ist.

Erschöpfte Körper liegen nebeneinander und warten auf das Gefühl des Glücklichseins. Doch nur eine wohlige Zufriedenheit breitet sich aus. Glücklichsein findet in der Einsamkeit des Begehrens kein Zuhause. Die Ironie des Schicksals wird für Minuten zur Wahrheit.

Ein letzter Kuß zum Abschied. Und wieder entflammt das Feuer, das sie gegenseitig in sich auslösen. Immer wieder wird es anfangen zu brennen, denn es gibt etwas, das nur sie beide sich geben können.

Sie hat die Türklinke schon in der Hand und löst sich aus seiner Umarmung. Dann fällt die Tür ins Schloß.

Nun sitzt sie vor den Trümmern ihrer Gefühle. Vierundzwanzig Stunden sind vorbei. Die nächsten haben schon lange begonnen.

Zerplatzte Träume der Hoffnung zerstören das bedeutungsvolle Nichts. Irgendwann wird der Schmerz aus dem Abfallhaufen ihres Gefühlschaos auftauchen und sie beherrschen. Verlorene Leidenschaft, verschenkte Gefühle, die im Nirgendwo umherirren und ihr Ziel nicht finden, kämpfen um den Erhalt ihrer Persönlichkeit. Das Wohlgefühl zum Hineinkuscheln wurde von einer kalten Liebe abgewiesen. Befreiende Klarheit läßt die Ungewißheit im Nichts verschwinden. Nichts ist nicht mehr wichtig.

Sie ist zu oft verletzt worden. Sie hat zu oft gelitten. Nun wird sie von der Angst ihrer beherrschenden Gefühle überschüttet, die quälende Schmerzen hinterlassen kann.

Sie wacht auf und erinnert sich. Da war ein Traum.
Sie fühlt sich entspannt und erholt, zufrieden und glücklich.
Glücklich?
Was war geschehen?
War das wirklich nur ein Traum, aus dem sie erwacht?
Was geschehen ist, ist nun vorbei.
Der Geschmack seiner Küsse haftet noch an ihren Lippen und hinterläßt ein seidiges Gefühl in ihrem Mund. Sein Geruch bedeckt noch ihren Körper. Von ihren Händen saugt sie seinen süßen Duft ein. Körperliche Sehnsucht nach seiner Einzigartigkeit durchströmt sie.
Erlebt und verloren.
In Sekunden.
Es war die Erfüllung an sich.
Und sie weiß, dass es niemals schöner sein wird.

Eine Sucht nach Leben erfüllt ihren toten Körper.

Sie schneidet sich die Sehnsucht nach seiner Liebe aus ihrer Seele, damit sie nicht irgendwann von ihr überrascht wird. Genußvoll streckt sie sich aus und spürt, dass jede Faser ihres Körpers sich wohlfühlt. So soll es bleiben und alles, was sie jemals zuvor erfahren hat, soll vergessen sein.

Es war nur ein Traum. Ein Traum, der nicht an ihr inneres Ich herantreten soll.

Das Erlebte wird verriegelt, damit es ihre Erinnerung nicht erreicht.

Sie ist glücklich darüber, ihn überhaupt kennengelernt zu haben. Doch sie sind nicht dafür bestimmt, eine längere Zeit ihres Lebens gemeinsam miteinander zu verbringen, deswegen lohnt es sich nicht, ihm nachzutrauern, denn es wird nicht noch einmal geschehen.

Irrfahrt eines Gefühls

Chaotische Gedanken rasen durch die Gehirngänge, stoßen an die Wände des Nervensystems und laufen sich tot. Kein einziger klarer Gedanke kann mehr gefaßt werden. Handlungen sind irrational und eingeschränkt. Logisches Denken ist ausgeschaltet.

Ein Gefühl windet sich im Körper und aktiviert jede einzelne Nervenzelle, an der es auf seiner Reise vorbeikommt. Adrenalin wird freigesetzt und attackiert das Herz, das sofort an die Startlinie tritt, um den Sprint-Lauf zu gewinnen. Doch es verpaßt den Startschuß, weil die Konzentration irritiert ist.

Das Gefühl sendet weitere Gedanken in den Tumult im Gehirn.

"Was willst du denn hier? Wir sind überfüllt. Hier ist kein Platz mehr für dich."

Der neue Gedanke läßt sich nicht davon abhalten, sich in die Menge zu mischen, um sich zu behaupten.

"Ich rufe jetzt an!" verkündet er entschlossen und trifft sofort auf den *Du-bist-ja-völlig-durchgedreht*-Gedanken und auf dessen Kumpel *Willst-du-dich-total-blamieren?*. Beide versperren ihm den Weg, als der Handlungsgedanke *Hand-bewegen-und-Nummer-wählen* um die Ecke kommt, an ihnen vorbeirennt und kurz darauf auf den hämisch grinsenden *Er-will-dich-sowieso-nicht-sehen*-Gedanken prallt. Der Handlungsgedanke zerschellt an den messerscharfen Spitzen des immer noch hämisch grinsenden Gedanken. Negative Nebengedanken umringen ihn, die plötzlich von dem verwirrten Gefühl aus der Tiefe ausgestrahlt werden.

”Er hat deine Nummer.”

”Er kann dich auch anrufen.”

”Er meldet sich wochenlang nicht.”

”Du bist ihm nicht wichtig!”

”Was willst du überhaupt von ihm?”

Ein markerschütterndes, brutales Lachen erfüllt den Raum. Der hämisch Grinsende hat nichts anderes zu tun, als mit seiner vollen Breite den Weg zu versperren und zu lachen. Er hat die Macht, alle negativen Gedanken an sich zu ziehen. Er braucht keine eigenen Worte, um das zu zerstören, was sich das kleine Selbstvertrauen aufgebaut hat.

Sanfte Rosawolken-Gedanken schweben über dieses Chaos hinweg und lassen ein paar Tropfen ihrer zarten Erinnerung hinabfallen. Der hämisch Grinsende zieht sein Haupt ein und sinkt zu Boden. Die Tropfen der Erinnerung lassen ihn zerfließen und in Nichts auflösen.

”Er ist so zärtlich, wenn ihr zusammen seid. Und er wird es immer wieder sein! Er liebt dich auf seine Weise. Zeit spielt dabei keine Rolle!” tönt ein Chor von zarten Stimmen aus dem oberen Geschoss des Gehirns. Die sanften Rosawolken-Gedanken siegen für einen Moment. Die Leidenschaft, die in der Seele schlummert, wird geweckt und von der Sehnsucht eingefangen.

”Sein sanfter, eindringlicher Blick; sein sinnlicher Mund; seine heißen Küsse; seine zarten, fordernden Hände; seine glatte Haut; sein Begehren, das entflammt ...”

Das Gefühl zerschmilzt in der Erinnerung.

Der Gedanke des Willens stürzt über alle anderen Gedanken hinweg und schreit: "Ich will ihn sehen! JETZT!"

Ein weiterer Handlungsgedanke folgt ihm.

Die eine Hand hat den Telefonhörer schon abgenommen und legt den Weg zum Ohr ungehindert zurück.

"Was MACHST du denn da?"

Der Hörer knallt zurück auf die Gabel.

Ein moralischer Gedanke mischt sich ins Geschehen.

"Willst du dir DIESE Blöße geben? Ich glaube, du spinnst!"

Die verklemmten Gefühle kommen aus der hintersten Ecke hervor und schicken ein paar kleine Gedanken zur Unterstützung der Negativen nach oben.

"Du kannst ihn doch nicht so überfallen!"

"Damit verlierst du alles, was du dir je erhofft hast!"

"Du wirst ihn dann niemals wiedersehen!"

"Du verlierst ihn, wenn du jetzt anrufst!"

"Du bist zu aufdringlich!"

"Du verlierst ihn!"

"Du verlierst ihn!"

"Du verlierst ihn ..." hallt es im ganzen Körper nach. Das Echo ist unerträglich.

Das Gefühl wird im Kreis geschleudert, bis ihm schwindelig ist. Ermattet fällt es zu Boden und ringt nach Luft. Doch kaum ein Sauerstoffatom kann sich jetzt darum kümmern. Konzentriert sitzen sie im Gehirn und nähren jeden Gedanken mit gleicher Menge ihrer Art.

Das Allgemeinwissen schaltet die Leuchtschrift im Gehirn an.

DU KANNST NICHTS VERLIEREN, WAS DU NOCH NICHT GEWONNEN HAST! prangert in großen Buchstaben an den Wänden.

Und schon ruft der sich heranschleichende Besserwisser-Gedanke aus: "Denn wenn du kein Risiko eingehst, kannst du sowieso nichts gewinnen!"

"Aber, aber, aber ..." ertönt der Widerspruch von allen Seiten.

Das Gefühl steht auf und setzt seine Reise schwankend fort. Es weiß überhaupt nicht mehr, wo sein Ziel ist. Das schnell pumpende Herz erschwert ihm das Vorankommen. Das Gefühl muss gegen den Strom schwimmen.

Die Ungeduld kommt zum Vorschein.

"Wie lange willst du denn noch warten?" Sie drängelt und schiebt einen Haufen ungeordneter Gedanken in eine Ecke.

"Jetzt mach schon!"

Der Handlungsgedanke aktiviert wieder den Körper und schon schwebt der Hörer wieder in der Luft. Die andere Hand nähert sich den Tasten des Telefons, als ein zweifelnder Gedankenblitz dazwischenfährt.

"Es ist vielleicht nicht richtig?!"

Klack! Der Hörer fliegt zurück in seine Ausgangsposition.

"Jetzt laß sie doch endlich tun, was sie für richtig hält!"

"Was ist denn richtig?"

"Weiß ich doch nicht!"

"Es ist besser, wenn sie abwartet, was passieren wird."

"Wie lange soll sie denn noch warten?"

"Vielleicht regelt sich auch alles von selbst."

"Vielleicht sieht sie ihn bald zufällig!"

Vielleicht ...

Vielleicht ...

Die Ungewißheit zerfrißt sie.

Sie hat keine Lust, sich von der Hoffnung zu ernähren, die keine Substanz hat. Sie hat Hunger auf Gewißheit!

Das Gefühl schreit nach oben, dass es sich besser fühlen würde, wenn endlich eine Entscheidung getroffen werden würde.

"Was für eine Entscheidung?"

Sie weiß nicht mehr, welcher ihrer Gedanken diese absurde Frage stellt. Sie ist völlig erschöpft und gleichzeitig aufgedreht, weil ihr Gehirn seit einer Stunde Purzelbäume schlägt. Sie ist nicht mehr ihr eigenes Ich sondern eine manipulierte Gestalt in einer Welt, die ihr langsam gleichgültig wird. Sie möchte sich für das *Weder-Noch* entscheiden und jede Erinnerung verbannen. Sie möchte sich das Gefühl heraus-schneiden und es mit dem Aufdruck *Die kostbarsten Momente* in ihrem Regal aufbewahren. Doch ihre Gedanken beherrschen weiter das Chaos in ihr.

"Du hast dich doch darauf gefreut, ihn wiederzu-sehen."

"Wieso hast du nicht gleich eine Verabredung ausgemacht?"

"Du bist selbst schuld. Du hast die Situation nicht anders gewollt."

"Du hattest die Trümpfe in der Hand und die falsche Karte ausgespielt."

"Ertrink jetzt nicht in Selbstmitleid!"

"Vielleicht fühlt er sich genauso wie du."

"Und wenn nicht?"

"Dann machst du dich lächerlich."
"Du verletzt dich selbst durch deine Offenheit."
"Ruf ihn an!"
"Ruf ihn nicht an!"
"Ruf ihn an!"
"Lauf ins Messer, spring ins kalte Wasser. Mehr als verlieren kannst du nicht!"
"Ruhe jetzt!!!" schreit sie, rauft sich mit beiden Händen die Haare und schüttelt ihren Kopf.
Erschrocken setzen sich die Gedanken regungslos in eine Reihe. Keiner wagt, sich zu bewegen.
Das Gefühl bleibt stehen und wartet darauf, wie es weitergehen wird.
Ihre Augen wandern zur Uhr. Die Entscheidung steht plötzlich vor ihr. Es ist zu spät, um anzurufen!
Ein klarer Gedanke durchfährt das Gehirn und legt allen randalierenden Gedanken Handschellen an.
"Sie wird warten", verkündet der klare Gedanke überzeugt und bestimmend.
"Dann soll sie doch warten, bis sie daran zugrunde geht", hört man einen unzufriedenen Gedanken toben.
Sofort sind ein paar kleine, klare Gedanken zur Stelle und legen den Störenfried lahm. Die anderen Gedanken werden aus dem Gehirn getilgt. Nur wenige von ihnen werden ausgewählt und in die Erinnerung geschickt. Das Gefühl wird in eine Schublade eingeschlossen. Der Schlüssel bleibt stecken.
Sie steht auf und verläßt das Haus.

Ungnade vor Gerechtigkeit

Die Sonne verabschiedet sich langsam. Die Abenddämmerung wirft seichtes Licht in Kristins Zimmer. Sie liegt auf dem Boden und starrt aus dem Fenster. Dabei entdeckt sie eine kleine Spinne an der Außenseite des Fensters. Kristin beobachtet sie. Die Spinne webt gerade ihr Netz. Fleißig arbeitet sie an ihrem neuen Heim, das Schutz und Vorratskammer zugleich bieten soll. Geschäftig krabbelt die Spinne hin und her. Sie spinnt einen seidenen Faden, an dem sie sich langsam in die Mitte des Netzes abseilt, um ihn dort zu verankern. Dann krabbelt sie an dem neuen Pfad wieder empor, hinein in die Fensterecke, um von dort aus den nächsten Faden zu spinnen. Unermüdlich wiederholt sich dieses Spiel, bis das Netz in Vollkommenheit erscheint.
Fasziniert betrachtet Kristin das Schauspiel und bewundert die kleine Spinne für ihre Zielstrebigkeit.
Und irgendwann wird sich ein Insekt in diesem Netz verfangen.

Kristins Gedanken wandern zu dem Insekt, das nichts von seinem Schicksal ahnt.
Spinne oder Insekt? Einer von beiden wird verlieren und daran zugrunde gehen.
Das Insekt hat schon Kristins Mitleid für sich gewonnen. Es ist nicht leicht, sich aus einem Spinnennetz zu befreien. Das Insekt wird es nicht schaffen. Ehe es sich versieht, wird es verschlungen werden.

Vor ein paar Tagen noch war Kristin selbst in ein Netz eingesponnen gewesen. Die Luft zum Atmen war dünner geworden. Ihre Bewegungsfreiheit wurde eingeschränkt, und selbst ihren Gedanken wurde der freie Lauf verboten. Das Netz wurde immer dichter, bis es sie beinahe erdrückt hatte. Kristin hatte den Anfang des Baus nicht bemerkt.

Es war ein Spiel - ein Spiel, das sie nicht verstanden hatte. Als es begann, war sie darauf eingegangen, weil sie es nicht besser gewußt hatte. Für sie war es Freundschaft gewesen. Freundschaft, die tiefes Vertrauen hervorrief. Freundschaft, in der sie gab und dachte zu empfangen.
Doch es war von Beginn an ein Kampf um Kristins Persönlichkeit gewesen.
Ihr Vertrauen wurde entgegengenommen und mit vermeintlich vergleichbarer Vertraulichkeit zurück-gegeben. Doch Kristins Worte kamen tiefer aus ihrer Seele als von der Gegenseite. Bis die Gegenseite genug über Kristin wußte, um sie mit ihren eigenen Waffen zu schlagen. Der Krieg hatte begonnen, bevor sie es merkte.

Jedes Treffen endete mit Verletzung. Worte wurden nur gesagt, um Kristin in die Verzweiflung zu treiben. Ihre Handlungen wurden bis ins kleinste Detail hinterfragt. Meinungen, die sie hatte, wurden mit Gegenmeinungen niedergeschlagen. So lange, bis Kristin den Punkt erreicht hatte, die Beherrschung zu verlieren. Und das wurde wiederum gegen sie verwendet.

Es war egal, was Kristin sagte - ihr Gegner verstand es so, wie er es hören wollte. Damit wollte er Kristin in die Enge treiben, um sie so zu formen, wie es ihm gefiel. Er saugte die Fehler aus Kristin heraus, um sie dann sofort gegen sie einzusetzen. Er kannte Kristins Wunden und streute Salz hinein. Er sah zu, wie Kristin sich in Schmerzen wand und in einem Netz zappelte.

Verletzende Worte im grausamen Spiel der Kämpfer. Hasserfüllte Blicke feuerten brennende Kugeln ab, durchdrangen die Außenhülle, bohrten sich tief ins Fleisch und hinterließen Löcher in der Seele.
Erniedrigung auf Hochglanzpapier.
Waffen wurden zur Verteidigung aufgerichtet. Ein Schutzschild emotionaler Gefühlsladungen baute sich auf. Demütigung verrutschte innerhalb einer verschobenen Realität. Sachliche Widersprüche übertrumpften sich selbst und fielen zu Boden.

Stark gegen Schwach - in gleicher Menge ausgeglichen. Stark in der Mehrheit - Schwach verzweifelt ausgeliefert.
Die Wunden nahmen zu. Zum zweiten Mal getroffen, sackten sie zusammen, wurden zur Raserei gebracht und schmerzten tödlichst.
Das Vertrauen in die eigene Stärke sank. Das Selbstbewußtsein versuchte, sich auf der Leiter des Stolzes zu halten. Es geriet ins Wanken und war kurz davor abzustürzen. Der sich ausbreitende Schmerz war eine brodelnde Grundlage für den aufsteigenden Hass. Geschütze von Wörtern wurden abgefeuert - je härter, desto treffender - ohne Rücksicht auf Verlust, ohne

Sinn für eigene Würde. Die Bedeutung der Persönlichkeit trat in den Hintergrund.

Das einzige Ziel, den Ring als Sieger zu verlassen, blinkte in Leuchtschrift vor den Augen aller. Gnade war ein Wort der Selbstaufgabe. Hass auch. Geblendet von Mißachtung verschwand die Gnade im Unterbewußtsein.

Wütende Raserei, zerfetzte Gefühle und ein Buchstabenwirrwarr unbedachter Wörter flogen durch die kaum noch zu atmende Luft. Der Sauerstoff war knapp. Der Schwächere war längst erkannt und bloßgestellt. Die Erkenntnis, nicht derjenige zu sein, verstärkte die Lust, sich einzumischen.

Mit Genugtuung fiel ein Heer Verdammter auf den Schwachen ein und zerstückelte seine aufgebaute Schutzschicht.

Gerade dazu entschlossen, es ohne Sieg und Sieger dabei zu belassen, schlugen erneut knallende Worte wie Peitschenhiebe auf den Schwachen ein. Die Chance auf Gnade war nicht erkannt worden. Vergebung war schon lange keine Frage der Wiedergutmachung mehr. Das Gefühl von Reue wurde verbrannt, noch bevor es auflodern konnte. Die Möglichkeit nach vorn zu stoßen wurde von einer Mauer neuer Gegner aufgehalten. Die Möglichkeit zur Flucht blieb offen.

Das Hochglanzpapier leuchtete im einfallenden Sonnenstrahl. Der Boden war mit zerbröckelten Fassaden übersät. Die Luft wurde noch dünner. Der Hass wurde von verstärktem Abscheu und hochgeschaukeltem Zorn unterstützt. Zusammen bildeten sie eine Einheit blinder Aggressionen. Wörter und Worte

- geleitet durch die emotionale Kraft der Aggression - kratzten die Augen des anderen aus, verstümmelten Gefühle und töteten innerlich mit beigefügten Blicken.

Plötzlich trieb die Wolke der Aussichtslosigkeit über den Schwachen hinweg. Der Stolz stand noch auf der Leiter. Die Gedanken kamen wieder und hielten die Wörter zurück, bevor sie ausgesprochen werden konnten.

Der Schwache zog sich zurück und verließ den Saal der Kampflustigen. Die Verausgabung war es nicht wert, um darin auch noch die Persönlichkeit zu verlieren. Bewahrter Stolz und freiwillige Aufgabe zeugten von mehr Stärke, als sich dem Starken demütigend entgegenzustrecken und sich auf sein Niveau herabzulassen. Dieser Gewinn war größer als jeglicher Verlust einer Person, deren Leben nicht auf gleicher Ebene verlief.

Der Schwächere hatte dazugelernt. Der Stärkere kämpfte noch immer. Er hatte nicht gemerkt, dass es nichts mehr zu kämpfen gab und er das, was er am wenigsten verlieren wollte, schon lange verloren hatte.

Die Spinne saß in einer geschützten Ecke des Fensters und beobachtete ihr Netz.

Die Insekten flogen daran vorbei ...

Schrei der Vergangenheit

Ein Bach fließt leise rauschend zwischen grünen Wiesen entlang. Die Sonne läßt ihre Strahlen glitzernd im Wasser versinken. Das Strudeln des Wassers, das in seinem unebenen Bett vorantreibt, erfüllt die Luft. Unberührte Natur, die das Echo der Liebe nicht kennt. Und mittendrin sitzt sie! Weit und breit niemand, der das versteht, was sie hierher getrieben hat.

Er kam in ihr Leben aus dem einfachen Wunsch des Begehrens heraus. Für diesen Moment hatte sie sich selbst verloren. Eingefangen von einer Leidenschaft versank sie in seiner Zärtlichkeit und erlebte den prickelnden Genuß seiner Hingabe. Doch der Moment hatte keine Zukunft, weil die Gegenwart der einzige Atemzug dieser Liebe war.
Sie ließen sich von der Zeit treiben, ohne sie wahrzunehmen. Sie genossen die Sekunden der Kostbarkeit, die sie sich aus den weißen Wolken des Himmels stahlen.
Zu spät erkannte sie die Ironie des Friedens, die lächelnd über ihnen schwebte. Noch bevor sie die Augen aufschlug, erkannte sie die Dunkelheit in ihren Träumen.
Doch er hatte sie schon in die Ewigkeit eingehüllt, um sie dann in die eventuellen Möglichkeiten zu entführen. Sie versuchte, sich dagegen zu wehren. Sie wollte stark bleiben. Sie wollte an das Nichts glauben. Doch ihr Glaube war nur Vertrauen, das ihr nicht helfen konnte, aus der Stille der Welt zu entfliehen.

Sie gab nach. Sie gab auf. Sie gab sich hin. Sie wollte nur an sich glauben, doch sie glaubte an ihn. Dann wurde sie in die Vergangenheit geschickt. Verloren in seinen Visionen versuchte sie, ihren Verlust zu realisieren. Sie irrte umher, lief hierhin, dorthin und wieder zurück. Doch seine Sünde war alles, was ihr geblieben war.

Ihr eigener Schmerz betäubte sie. Sie ließ niemanden an ihn heran - noch nicht einmal sich selbst. Sie war nur die Hülle, die ihn ertragen sollte.
Ein leerer Körper blieb zurück, der im Leid dieses Schmerzes nicht verkümmern wollte. Sie zog sich zurück, lebte unter Glas und atmete Luft ohne Sauerstoff. Dabei verlor sie sich selbst noch einmal und vergrößerte den Abstand zwischen sich und ihm.
Sie wollte nicht über ihn nachdenken. Sie wollte das Erlebte ausradieren. Doch es war nicht leicht, einfach zu vergessen. Täglich kämpfte sie um ihre Persönlichkeit. Und täglich fand sie Erinnerungen unter den Trümmern ihrer Gedanken, die sie nicht losließen. Ihre Seele schrie nach jemandem, der ihre Gedanken befreite, doch niemand hörte sie.
Er versuchte, sie vor sich selbst zu retten. Doch diese Liebe war Selbstmord. Er konnte ihr nicht helfen, sie zu ertragen. Ihr müder Körper fand keinen Schlaf.
Warum war der Genuß dieser Liebe so falsch?

Alles, was sie je getan hat, ist vorbei. Denn *Alles* muss irgendwann einmal zu Ende sein. Deswegen wollte sie auch vergessen wie *Alles* begonnen hat.
Sie hat verdrängt, dass es wichtig ist, nichts zu vergessen. Sie hat gelogen, nur um wirklich zu sein.

Und sie hat gelitten, nur um fühlen zu können. Nun liegt sie hier und stirbt in ihrem Schmerz. Niemand wird je wissen, wie er sich für sie angefühlt hat. Und niemals wird ein Körper sich so anfühlen wie seiner. Ihr einsames Herz findet keinen Frieden, denn sie hat sich verloren, um von ihm gefunden zu werden.
Es gibt vieles, ohne das sie leben kann. Aber er ist der einzige, der nicht dazu zählt. Das, was sie verloren hat, kann sie niemals wiederfinden. Die Zeit wird vergehen, aber ihr Herz ist für immer gebrochen.

Der Bach fließt weiter - hinein in die Ewigkeit eines unbewußten Ziels. Die Sonne wird untergehen, doch sie wird auch wieder aufgehen. Die Wiese wird wachsen und eine Einheit in Grün bilden. Die Zeit wird die Natur verändern, ohne dass es jemand merkt - außer ihr!

Splitter aus Porzellan

Ausdrucksvolle Gesten,
überhebliche Blicke,
auffällige Haltung,
Neigung zur Arroganz.
Affektiertes Benehmen auf dem Präsentierteller
verfängt sich im Strudel einer unerwarteten
Höflichkeit, die ein neues Gesamtbild entstehen läßt:
kühl, unnahbar und doch anziehend.
Kontrollierte Körperbewegung,
attraktiv und erotisch - sanft.
Gezieltes Vergraben der Unsicherheit,
versteckt hinter einer Fassade - undurchdringlich wie
ein Dschungel; unverständlich wie eine fremde
Sprache - basierend auf dem eigenen Ich.

Ein Spiel, mit der Möglichkeit an Grenzen zu stoßen;
mit dem Ziel, die Grenzen zu überschreiten.
Selbstbewußtsein weckt Neugier,
selbstverherrlicht mit verschlossenen Augen,
vorangetrieben durch die Dunkelheit,
angestrahlt von einer oberflächlichen Hülle
im Licht vernebelter Sinnlichkeit.

Blicke streifen verstohlen;
verlocken zu Handlungen, die nicht mehr gesteuert
werden können.
Sekunden im Jetzt fließen in eine andere Zeit.
Nah und näher und doch so fern von dem Begehren.
Ein Tanz um einen Vulkan, dessen Ausbruch
unvorhersehbar ist.

Der Geschmack dieser Nacht hat noch keinen Namen.
Sie bleibt unberührt im Sein zweier Wesen,
die aus ihrer Bahn geworfen worden sind.

Undeutbares Verhalten, fragende Blicke ohne
Antworten.
Verlust einer Würde, aufgefangen im Stolz des
anderen.
Besitzendes Wollen im Streben mit der Macht.
Verherrlichte Wirklichkeit, die keine ist - bis hin zum
Morgengrauen.
Verschlafene Augen blinzeln in das Sonnenlicht.
Der Tag beginnt - die Nacht zerbricht ...
... in Splitter aus Porzellan.

Enttäuschung

Es gleitet vorbei - zieht vorüber. Es erscheint
unwirklich warm und entspannend.
Das Wohlgefühl zur Glückseligkeit?
Oder nur geblendeter Selbstbetrug?
Hoffnung auf einen Anfang.
Sehnsucht nach Berührung.
Sehnsucht nach Zärtlichkeit.
Sehnsucht nach Erfüllung.
Gummiweich und zitternd hält mein Körper mich
aufrecht.
Vorstellungen aller Möglichkeiten durchkreuzen
Hoffnung und Wunsch. Ein offenes Feuer.
Liebe oder nur Verlangen?
Blockade im Gehirn. Totenstille der Gedanken.
Zeit verstreicht und baut den Charakter auf, der die
Kontrolle wieder herstellen soll.
Und ich sehe dich. Verstelltes Ich.
Distanz ist eine Möglichkeit.
Doch wie baut man sie auf, wenn man etwas anderes
möchte?
Gespielte Distanz fördert das verstellte Ich und läßt
dadurch nichts mehr natürlich erscheinen.
Plötzlich kommt das wirkliche Ich zum Vorschein,
stößt aber auf kühle Frische und versteckt sich gleich
wieder.
Der eigentliche Anfang war leichter.

Du bist als Tatsache aus einem Traum in mein Leben
getreten. Jetzt krieg' ich dich dort nicht mehr heraus.
Die verbotene Tür zu deinem vermeintlichen Herz

stand offen. Ich bin hindurchgegangen, um zu sehen, was sich dahinter verbirgt. Dabei bin ich auf etwas in dir gestoßen, das verzaubernd und betörend zugleich erschien. Kostbare Momente und lange Nächte hinter dem Horizont - doch es war nur eine Erscheinung von der ich dachte, sie festhalten zu können, um sie in die Realität umzuwandeln.

Es war von Anfang an ein Spiel mit offenen Karten; eine Vereinbarung ohne Verpflichtung. Eine Nacht ohne Namen.

Ein Anfang vom Ende?

Eingeschränktes Verhalten konzentriert sich aufmerksam auf all das, was da kommen mag, um nicht durch Fehlverhalten das Ende hervorzurufen.

Ignorante Abwehr. Kalte Freundlichkeit. Die Worte sind nicht die Gedanken.

Was passiert, bestimmst nur du. Ich werde geführt. Wohin auch immer - ich gehe mit.

Unterwürfigkeit der Gefühle. Oder nur des Verlangens?

Verlangen ist ein Gefühl, das vom Instinkt des Ursprungs hervorgerufen wird.

Die Atmosphäre verändert sich. Nichts ist wichtiger als die Erfüllung. Die Besessenheit eines Ziels ist in den Vordergrund getreten. Launen heben und senken sich im schnellen Wechsel deiner Worte. Freiheit erscheint grenzenlos und einengend zugleich.

Ich bin. Du bist. Wir sind. Und doch nicht.

Ich habe dich gesehen. Und ich sehe eine Sehnsucht. Ich suche nach dir.

In mir erwacht das Begehren. Ich begehre ein Verlangen. Ich verlange nach dir.

Ich spüre ein Gefühl. Es fühlt sich weich und warm an. Ich fühle dich.

Die Erwartung steigert sich. Ich steige auf die Leiter meiner Hoffnung.

Ich hoffe auf deine Berührung. Ich berühre deine Haut. Es haut mich um.

Geschehenes wird vergessen. Doch nie vergesse ich deine Leidenschaft. Ich leide an dem Schmerz, der sich in mir festgefressen hat.

Du warst ein gigantisches Feuerwerk, und mein Inneres verlangte nach Wiederholung. Die Wiederholung wiederholte sich zum wiederholten Mal. Dann schrie ich nach mehr. Doch ich stand entblößt vor dir. Du trugst mich behutsam vor deine Tür, die noch immer einen Spalt offenstand. Dabei hattest du mir verständnisvoll in die Augen geschaut und mich sanft in deinen Armen gewogen.

Und du hofftest, ich würde es verstehen!

Ich hab's versucht ...

Gedanken rutschen nach unten. Gefühle kriechen nach oben.

Es tut weh. Es geht tief. Es hakt sich fest und stülpt das Innere nach außen. Es schneidet, splittert und zerplatzt.

Ein lauter Knall - tief drinnen. Der Schall steigt nicht bis an die Oberfläche. Das Echo bleibt eingesperrt und wütet, die Zerstörung unterstützend.

Vergangenheit war gestern. Gegenwart ist alles. Das Jetzt ist hier und war nie anderswo. Es hat sich verändert, da es sich ständig verändert. Trotzdem ist es beständig und wird nie verschwinden. Das Jetzt ist immer. Es war immer, und es wird immer sein. Es ist das einzige, was existiert. Und es lebt durch die Veränderung.

Doch ich treibe durch die Veränderung mit einem Gefühl, das sich nicht verändert.

Ich sehne mich nach dir. Überall und nirgends.

Ich vermisse dich.

Ich vermisse ...

Du vermisst nicht.

Erschöpft und trotzdem voller Hoffnung schleppe ich mich durch Tag und Nacht. Du hast ein Feuer in mir entfacht, das mein Begehren für dich auf meine Seele zeichnet. Ich habe mit dir das erlebt, wofür es sich lohnt zu leben.

Die für dich abgeschlossene Vergangenheit schickt auch den Sinn meines Lebens in die Vergangenheit.

Doch solange du existierst, existierst du auch für mich.

Zurück bleibt nur die Angst vor dem Weiterleben - gefangen in diesen Gefühlen, die nicht erwidert werden.

Enttäuschung ist ein Wort, das niemals nur mit seinen Buchstaben ausdrücken kann, was es wirklich ist!

Heimkehrer der Nacht

Was für ein Abend - was für eine Nacht!
Die wärmende Sonne erinnert daran,
dass der Tag schon vor einiger Zeit begonnen hat.
Die Stadt ist zum Leben erwacht.
Wir sind die einzigen Überlebenden des Vortags.

Viel zu bunt,
viel zu laut,
viel zu extrem
wirkt der Trubel,
der Impuls,
dessen Puls
im Herzen der Stadt pocht.
Respektlos zieht er an uns vorbei.

Wir kommen aus der Vergangenheit
und sind die,
die durch ihre Zärtlichkeiten durch die Nacht
getragen wurden,
um dem neuen Tag zu erzählen,
wie schön das Vergessen der Zeit
durch Nachgeben des Verlangens sein kann.

Die Nacht hat uns allein gehört,
und nur sie kennt unser Geheimnis ...

Zitat einer Begegnung

Unsere Augen begegnen sich
für einen Bruchteil einer Sekunde.
Dann ist der Augenblick auch schon vorbei.
Der Hübsche mit den tiefblauen Augen
verschwindet.

Ich trete ein in die Wirklichkeit,
heraus aus dem Schatten
seiner Ausstrahlung,
die mich für Sekunden eingefangen hatte.
Nun ist er weg!

Meine Gefühle übernehmen
die Macht über meine Gedanken.
Ich bin traurig - irgendwie.
Ich bin schwach
und gleichzeitig euphorisch.
Ich bin frei und doch gefangen.
Ich bin ein einziges Gefühlsknäuel -
eine wandelnde Hülle geballter Empfindungen,
die mich überströmen,
ohne dass mein Ich Einfluß darauf ausüben kann.
Hineingezogen in einen Strudel
gebe ich kraftlos diesen Kampf auf,
mein Selbstbewußtsein über Wasser zu halten.

Das Hübsche im blauen Tief deiner Augen
hat mich total verwirrt.
Das Erreichbare wartet auf meine Initiative.

Das Erreichbare -
mit Mut ein leicht zu öffnendes Tor.
Und der Schlüssel dazu
liegt in meiner Hand.
Doch der Mut ...
und er ...
ist weg!

Verändert hat sich nur ein Wert in meinem Leben,
denn ich habe Dich gesehen ... in deinen Augen.
Ich habe Dich ... von der Ferne gefühlt.
Deine Erscheinung war ein geschmückter Abschnitt
in einem zeitlich begrenzten Erlebnis.
Eine Blume zur Dekoration ... die schnell verwelkt.
Ein kurzes Kapitel in meinem Leben,
das du schriebst ... ein Zitat.
Denn du bist nicht *wirklich* "für mich".

Augenblick mal ...

Die Sonne strahlte durchs Fenster. Dieser angenehme Spätsommertag ließ den Büroalltag schon am frühen Morgen in den Wunsch einer weit entfernten Welt rücken. Und in dieser Welt erwartete Vivian ein Traum, der ihren Alltag für eine bestimmte Zeit verändern sollte.

Sie saß vor dem Computer und entwarf Visitenkarten für einen neuen Kunden.

Seit zwei Jahren arbeitete Vivian in einem kleinen Werbeatelier, das in einem Gebäudekomplex untergebracht war, in dem verschiedene Firmen ansässig waren.

An diesem Tag überkam Vivian zu ungewohnter Stunde ein Verlangen nach Tabak. Sie beschloß, ihre Pause um eine halbe Stunde vorzuverlegen.

Vivian kramte in ihrer Tasche nach der Zigarettenschachtel und verließ das Büro. Auf dem Weg nach draußen wollte sie sich noch einen Kaffee aus dem Automaten mitnehmen. Sie bog um die Ecke zum Kaffeeautomaten und ...

PENG!

Ein Feuerwerk!

Da stand er!

Vivian schaute in ein paar wunderschöne Augen. Tiefblau, fragend, suchend, anziehend wie ein Magnet. Dazu schwarze Haare, die sein schönes Gesicht umrahmten, als sei er aus einem Gemälde entsprungen. Und diese Augen strahlten sie an. Sein Kaffee tröpfelte seelenruhig in den Becher, der ihnen erlaubte, sich sich einen Bruchteil länger anzuschauen, als Fremde dies für gewöhnlich tun. Vivian blieb wie angewurzelt stehen, ein Adrenalinstoß traf ihr Herz. Kaffeeduft durchströmte die Luft. Sie wußte nicht mehr, was sie tun wollte, wäre am liebsten wieder rückwärts aus der Situation gegangen - heraus aus dem Feuerwerk - zurück in die Normalität. Aber sie war in ihrer Reaktionsfähigkeit gefangen und schon in einen Traum hineinkatapultiert worden. Sie hatte das Gefühl, dass er bemerkt haben musste, was in ihr vorging, weil sie glaubte, dass ihr Innerstes für einen Moment außerhalb ihres Körpers schwebte und kam sich bloßgestellt vor.

Er entnahm seinen Kaffeebecher, als der Automat mit einem Piepen das Ende des Brühvorgangs ankündigte. Vivian sammelte ihre Gedanken, sie war an der Reihe und zog einen Kaffee. Aufgeregt blickte sie noch einmal in die Richtung des Unbekannten, der auf dem Weg zurück in seine Firma war. Sie empfing einen warmen, neugierigen Blick, der das gleiche begehrte wie ihr eigener.

Wieder am Arbeitsplatz kreisten Vivians Gedanken in schwindelnder Höhe über Normalnull und ließen keinerlei Konzentration zu. Ihr Kopf war völlig verdreht. Fieberhaft beobachtete sie die Uhr und fragte sich, wann er wohl den nächsten Kaffee holen würde. Sie hatte ja keine Ahnung, in welcher Firma er beschäftigt war.

Zur Mittagszeit holte sie sich den nächsten Kaffee, doch außer dem Automaten wartete dort niemand auf sie. Ebenso nicht am Nachmittag. So beschloß sie, am nächsten Tag zur gleichen Zeit wie zum Zeitpunkt ihres zufälligen Treffens einen Kaffee zu holen und siehe da ... er stand vor dem Automaten und tat so, als werfe er gerade das Geld hinein. Dabei warf er Vivian einen liebevollen Blick zu.

Sie sah ihn nur kurz an, weil sie sich plötzlich wieder ertappt vorkam.

„Hallo", sagte er leise, während sein Kaffee aufbrühend vor sich hin röchelte. Vivians Herz schmolz dahin, sie antwortete nur mit einem strahlenden Lächeln, die Worte blieben im Hals stecken.

Abends wanderten ihre Gedanken immer wieder zu dem schönen Unbekannte. Zum Feierabend hatte sie ihn doch tatsächlich in seinem Auto wegfahren sehen! So hatte sie schon einen Anhaltspunkt mehr. Doch was brachte ihr das?

Vivian fiel in einen unruhigen Schlaf, wachte aber am nächsten Morgen erholt auf. Sie wählte sorgsam ihre Kleidung aus und verbrachte zehn Minuten länger als sonst vor dem Spiegel. Dafür ließ sie das Frühstück ausfallen, um pünktlich im Büro zu erscheinen.

Sein Auto stand schon auf dem Parkplatz.

Vivian musste nur noch auf die Kaffeepause warten. Diese Zeit erschien endlos lang. Und dann ... verpassten sie sich. Vivian konnte noch so langsam ihren Kaffee ziehen und wieder davonschleichen. Entweder war er vor ihr da gewesen, oder er würde noch kommen. Sie konnte aber schlecht vor dem Automaten stehen bleiben...

Als der Feierabend näher rückte, lief Vivian zu ihrem Auto, stieg ein und wollte losfahren. Im Rückspiegel beobachtete sie ein Auto und stellte fest, dass es SEIN

Auto war. Sie ließ ihn an sich vorbei fahren und trat dann schnell aufs Gaspedal, um ihn nicht zu verlieren und wie zufällig hinter ihm herfahren zu können. Bis zur Innenstadt *verfolgte* Vivian ihn, bog dann aber an einer Kreuzung in eine andere Richtung ab, damit es nicht wie eine Verfolgung aussah. Er winkte ihr zum Abschied zu, er hatte sie scheinbar erkannt.

An der nächsten Kreuzung wendete Vivian und fuhr nach Hause.

Als Vivian am nächsten Tag den Kaffeeautomaten aufsuchte, war er wieder nicht da. Vielleicht war alles nur Einbildung? Gerade als sie ihren Becher aus dem Automaten nahm und schon im Gehen war, kam er aus der anderen Richtung mit einem *Hallo* auf sie zu. Dabei schaute er Vivian lächelnd an.

Ihr Herz fing an zu rasen. Ihre Enttäuschung wurde von der überwältigenden Freude verdrängt, ihn nun doch zu sehen. Ihr Herz zerschmolz in kleine Tröpfchen. Ihre Augen hafteten aufeinander, doch bis auf ein leises *Hallo* kam Vivian nichts über die Lippen.

Die Treffen am Kaffeeautomaten zogen sich den Rest der Woche fort. Tatsächlich tauchte er regelmäßig zur selben Zeit wie Vivian auf, so wie am ersten Tag.

Doch außer Lächeln und Hallos gab es keine Fortschritte.

Irgendwann ging Vivian etwas früher zum Automaten und wartete dort, bis er den Gang entlang kam. Dann nahm sie ihren schon fertig gebrühten, mittlerweile etwas lauwarmen Kaffee aus dem Automat und steckte in die Kaffeeausgabe einen Zettel.

AUGENBLICK MAL ... wie wär's mit einer gemeinsamen Tasse Kaffee?

Vivian hatte einige Antwortmöglichkeiten zum Ankreuzen angegeben:
Ja, gern! Wir treffen uns im Space
Ich trinke keinen Kaffee ...
Ich trinke mit dir keinen Kaffee

Das *Space* war eine nette Bar, die in der Stadt bekannt und gut besucht war. Als Vivian zum Feierabend in ihr Auto steigen wollte, fand sie einen Brief, der unter ihrem Scheibenwischer klemmte.
Vivians Herz klopfte. Sie konnte kaum glauben, dass er ihr wirklich schon geantwortet hatte. Als sie dann aber den Briefumschlag in der Hand hielt, wollte sie die Antwort plötzlich nicht mehr wissen. Sie zögerte, den Inhalt des Umschlags zum Vorschein zu bringen. Schlagartig wurde ihr bewußt, dass sie dann eine endgültige Entscheidung in den Händen halten würde.
Ja oder Nein.
Diese fünfzigprozentige Chance erschien ihr auf einmal zu niedrig, überhaupt gewinnen zu können. Vivian stellte sich innerlich auf ein *Nein* ein, um nicht enttäuscht zu werden.
dass es auch ein *Vielleicht* geben könnte, schloß sie in diesem Moment aus ...
Vorsichtig blickte Vivian in den Umschlag und erwartete den von ihr vorbereiteten Zettel. Sie erkannte aber, dass es nicht ihr Zettel war. Hastig zog sie nun den Brief aus dem Umschlag und hielt ein paar hand-

geschriebene Zeilen in den Händen. Sie konnte ihre Neugier nicht mehr zurückhalten und überflog den Brief, ohne aufzunehmen, was sie las. Vivian musste den Brief noch einmal lesen, bevor sie verstanden hatte, was er ihr zu sagen hatte:

Hallo Du!
War ein cleverer Brief. Allerdings fahre ich nächste Woche in den Urlaub. Vielleicht sieht man sich danach im Space. Ich bin jeden ersten Samstag dort. Dann können wir auch gemeinsam eine Tasse Kaffee trinken ...

Hey! Das war eindeutig kein *Nein!*
Das war ein positives *Vielleicht!*
"Was steht denn drin?" fragte ihre Arbeitskollegin und Freundin Nancy neugierig.
Erschrocken fuhr Vivian herum. Sie hatte nicht gemerkt, dass Nancy hinter sie getreten war.
Doch Vivians Stimmbänder hatten sich verabschiedet. Ihr Gesicht bestand aus einem einzigen Lächeln, und ihre Augen strahlten heller als der Sonnenschein.
"Zeig' mal her!" bat Nancy ungeduldig.
Vivian reichte ihr den Brief und las mit ihr zusammen noch einmal dessen Inhalt.
Hallo Du!
Vivian hatte vergessen, ihren Namen unter ihren Brief zu setzen.
Nancy grinste. "Hört sich doch gut an", sagte sie.
"Findest du? Meinst du nicht, es bedeutet Nein?" wollte Vivian ihre Meinung bestätigt hören.
"Auf keinen Fall! Wann ist der nächste erste Samstag?" fragte Nancy.

"Letzte Woche war der erste Samstag", stellte Vivian enttäuscht fest. "So 'n Mist! Da habe ich zu Hause gesessen und einen langweiligen Film angesehen."
"Du bist doch sowieso oft im Space. Ist dir der Typ dort noch nicht aufgefallen?" wollte Nancy wissen.
"Nein." Vivian schüttelte den Kopf.

Die folgenden Tage vergingen nur langsam. Jedesmal wenn Vivian sich einen Kaffee zur gewohnten Uhrzeit holte, spürte sie die Leere. Er war im Urlaub...
Sie flüchtete sich in Tagträume und Wunschgedanken; malte sich aus, wie er sein könnte und vergaß dabei die Tatsache, dass die Realität ihr Luftschloß auflösen könnte.
Und dann kam endlich der herbeigesehnte Samstag ...
Doch mit ihm nicht der Typ ins *Space*...
Vivians Luftschloß geriet ins Wanken, und der nächste Windstoß ihres Bewußtseins würde es zum Einstürzen bringen.

Auch am Kaffeeautomaten gab es keine Treffen mehr. Egal wann Vivian dort auftauchte. Die Wochen verstrichen. Oft sah sie ihn nach Feierabend vom Parkplatz fahren. Sie verpassten sich um wenige Sekunden. Vivian wollte es noch nicht dabei beruhen lassen, vielleicht verpassten sie sich auch am Kaffeeautomaten, und schließlich wußte keiner vom anderen, wie er hieß oder wo er arbeitete. So verfaßte sie nochmals einen Brief, den sie an sein Auto heften wollte:

Hallo schöner Unbekannter,
im Auftrag meiner Vermieterin möchte ich Dir mitteilen, dass nunmehr die Hälfte ihres Herzens zur Vermietung frei steht. Nachdem Du Dir das Vorkaufsrecht ihres Herzens durch Deine Blicke gesichert hast, gehe ich davon aus, dass Du mit der Vergrößerung des Wohnraums einverstanden sein wirst. Ein weiterer Ausbau der Räumlichkeiten ist nicht ausgeschlossen. Dazu sind aber noch ein paar persönliche Gespräche notwendig. Für weitere Einzelheiten steht Dir meine Vermieterin bei einer **Tasse Kaffee** *gern zur Verfügung, um eventuelle Unklarheiten zu beseitigen.*
In Erwartung Deiner baldigen Antwort verbleibt sie mit herzlichen Grüßen

PS: Ich hoffe, es war nicht nur ein Augenblick ...

Sorgfältig steckte Vivian den Brief in einen Umschlag und steckte ihn unter die Scheibenwischer seines Autos.
Dann zündete sie sich eine Zigarette an und inhalierte den Rauch tief ein. Es war ein regnerischer Herbsttag. Die Leute hatten ihre Jacken schon enger zugezogen. Ein kühler Wind erinnerte an den bevorstehenden Winter, der nicht mehr weit zu sein schien, obwohl gerade noch der Spätsommer zu spüren war. Vivian saß zitternd in ihrem Auto. Aber es war nicht die Kälte, die sie frösteln ließ.

Zwei Tage später hatte Vivian ihrerseits einen Zettel am Auto. Aufgeregt riß sie ihn an sich, wollte ihn aber erst zuhause lesen. Eilig stieg sie ein und fuhr los. Ein glückliches Lächeln hatte sich auf ihrem Gesicht eingebrannt. Ihre Vorstellung lief Amok vor Freude, eine eventuell positive Antwort vorzufinden. Sie versuchte, ihre überschäumende Freude zu drosseln, damit sie von einer negativen Antwort nicht zu Boden geworfen werden würde. Ein *Nein* könnte sie auch akzeptieren, denn dann wüßte sie endlich, woran sie war. Aber diese Möglichkeit schob sie erst einmal in die hinterste Ecke ihrer Gedanken.

Hunderte von Idioten krochen in ihren Autos im Schneckentempo vor ihr her durch die Stadt. Vivians gespannt geladene Energie wurde dadurch noch gesteigert, und sie fühlte sich kurz vorm Zerplatzen. Konnten die nicht schneller fahren?

Endlich parkte sie vor ihrer Wohnung und rannte im nächsten Moment die Treppe hinauf.

Sie setzte sich in ihren Lieblingssessel. Erwartungsvoll riß sie den Umschlag auf:

NEIN!

Diese vier Buchstaben schlugen Vivian mit einer kalten Wucht ins Gesicht.

PENG!

Ein Herz zerfloß, löste sich auf, zerfiel, teilte sich in Einzelstücke, brach leise auseinander - und niemand war da, der es auffing ...

Der Brief sank in ihren Schoß. Enttäuschung breitete sich in ihrem Körper aus und zog Vivian in sie

hinein. Sie hatte das Gefühl, zu ertrinken. Sie wollte eine klare Antwort - da hatte sie sie!
NEIN!
Grausam zerrte dieses Wort sie in die Realität, die nicht zu ändern war. Da fiel es auseinander, ihr Herz, und mit ihm die Hoffnung, die trotz Ungewißheit ein offenes Ende bereitgehalten hatte.
Jetzt war das Ende da - die Hoffnung zerschellte knallhart wie eine Flutwelle an einer Klippe.
Aua!
Tausend kleine Splitter ihres Herzens flogen ziellos durch ihren Körper. Zu heftig war der Aufprall!
Mit einem zerbrochenen Herz ging auch ein Gefühl von Liebe dahin.
Wohin auch immer ihre Seele versuchte zu entfliehen, stieß sie an die messerscharfen Splitter und verletzte sich.
Da ist etwas vorbei, was noch gar nicht angefangen hatte!
Sicherlich nur ein kurzer Schmerz - aber das Nein ließ die Frage des Warums offen und bohrte in Vivians Gedanken, die keine Antwort fanden.
Zu schön war der Anfang gewesen und der große Funke, der zwischen ihnen beiden zu einem Feuerwerk explodierte, als sie sich das erste Mal begegnet waren. Es war beiderseitig vorhanden gewesen, dessen war sich Vivian sicher.

Einige Tage später hatte Vivian den Schmerz vergessen, und der schöne Unbekannte war nur noch eine schöne Erinnerung, die einen kleinen Abschnitt ihres Lebens geschmückt hatte.
Er war zu schön, um wahr zu sein!